ABHANDLUNGEN ZUR SPRACHE UND LITERATUR

Herausgegeben von Richard Baum und Frank-Rutger Hausmann

182

Jürgen von Stackelberg

DIE KEHRSEITE DER MEDAILLE

Politische Portraits aus der Fronde und der Ära Ludwigs XIV.

Mit einem Anhang: Madame de Staël über Napoleon

Romanistischer Verlag
Bonn 2011

Romanistischer Verlag Jakob Hillen
Hochkreuzallee 46, 53175 Bonn

Die Texterfassung besorgte Hiltrud Junker-Lemm (Stegen bei Freiburg/Brsg.).

ISBN 978-3-86143-196-1
ISSN 0178-8515

Inhaltsverzeichnis

Vorbemerkung

Auf den Gedanken, eine kleine Auswahl literarischer Portraits aus dem 17. Jahrhundert zu besprechen, hat mich die Ungeniertheit des Kardinals Retz gebracht, Mazarin einen „filou" zu nennen. Ich wollte sehen, ob andere „Porträtisten" der Zeit, wobei ich gleich an La Rochefoucauld dachte, sich Ähnliches erlauben. Und ich wählte nur politische Portraits aus, weil man da die literarische Gestaltung mit anderen Auskünften über die Person vergleichen kann, was für Portraits in Komödien wie dem *Tartuffe* oder dem *Misanthrope,* so reizvoll sie sind, nicht gilt. Da sieht man nur die Vorderseite, während man von politischen Portraits sagen kann, sie zeigten die Kehrseite der Medaille, meist eher im Schlechten als im Guten. Der Versuch, hinter die Gründe des Unterschieds zwischen historischer Faktizität und literarischer Gestaltung zu kommen, zwang mich, etwas tiefer in die „Fronde" einzutauchen, als ich das bisher getan hatte. Mir war dieser letzte Aufstand des Adels gegen das Königtum eher als so etwas wie eine Panne in der geschichtlichen Entwicklung von Richelieu zu Ludwig dem Vierzehnten vorgekommen. Aber das war sie nicht. Es ging um eine ernstliche Gefährdung der französischen Staatlichkeit kurz vor der Etablierung des Absolutismus durch den „Roi Soleil", den ich dann auch in zwei Portraits vorstelle, die in Tendenz und Ausführung deutlich genug voneinander abweichen. Den Abschluss meiner Untersuchungen bildet das Portrait, das der Herzog von Saint-Simon von Mme de Maintenon hinterlassen hat. Es stellt einen Höhepunkt französischer Portraitkunst dar. Da tritt einem die Frau des Königs, wie sie leibt und lebt, und eingebunden in die höfische Etikette, vor Augen. In einem Anhang nehme ich mir dann noch das Portrait vor, das Mme de Staël von Napoleon gezeichnet hat. Selbst wenn die vorhergehenden Portraits nicht immer die Kehrseite der Medaille zeigen, hier ist das der Fall.

J.v.St.

Einleitung

Wir sind so daran gewöhnt, die französische Geschichte der frühen Neuzeit als eine stetige Aufwärtsentwicklung zu sehen, in der das Königtum sich gegen den Adel und der Zentralismus sich gegen die Partikularinteressen durchsetzt, dass wir uns einen anderen Verlauf der Dinge gar nicht mehr vorstellen können. Was Richelieu in die Wege geleitet und Mazarin mit List und Tücke weitergeführt hat, das absolutistische Herrschertum Ludwigs des Vierzehnten, schien durch die Fronde, diesen letzten Aufstand des Adels, der einmal sogar gefährlich gemeinsame Sache mit dem Volk machte, nicht ernsthaft in Frage gestellt, nur etwas aufgehalten worden zu sein. Wenn man sich etwas intensiver mit dieser turbulenten Phase der französischen Geschichte – der turbulentesten, wie man vielleicht auch sagen könnte – beschäftigt hat, sieht das freilich anders aus. Da kommt man öfters auf den Gedanken: „es hätte auch anders kommen können“. Im Grunde waren es nur drei Personen, die Königin Anna von Österreich, Witwe Ludwigs XIII., Mazarin, ihr treuer Freund und geschickter Ratgeber, und der kleine Ludwig, der 1638 geboren, zehn Jahre alt war, als die Fronde ausbrach und fünfzehn, als sie zu Ende ging, an dessen Frühreife aber letztlich das Schicksal der Monarchie hing, einerseits, und eine bunte Schar hochadliger, rebellierender Figuren, angeführt von den beiden Fürsten Condé, genannt „Le grand Condé“, und Conti, seinem Bruder, beide aus einem Nebenzweig der regierenden Bourbonen, andererseits, zwischen denen sich die Auseinandersetzung abgespielt hat, die zeitweilig kriegerische Formen annahm. Ich erwähne diese durch Überläufer von einem ins andere Lage verkomplizierte Lage, in die sich auch einige Damen vom Hochadel einmischten, weil die ersten beiden Portraits, die ich besprechen möchte, Personen darstellen, die in der Fronde die erste und die zweite Geige gespielt haben, der Kardinal Mazarin und der Koadjutor Retz (das heißt auf Deutsch, glaube ich, „Weihbischof"). Ohne zu wissen, worum es in der Fronde ging, kann man deren Bedeutung nicht verstehen. Bei der Information darüber ist mir das Buch von Olivier Bernier: *Louis XIV. A Royal Life*, deutsch: *Ludwig XIV. Eine Biographie* (1987) besonders hilfreich gewesen, das auf erträglichem Umfang genau und klar über die Vorgänge berichtet. Ludwig XIII. war 1643 gestorben. Die Königinwitwe brauchte Geld. Sie verlangte, dass gewisse Steuern erhöht würden. In solchen und ähnlichen Fällen musste das „Parlament de Paris" hinzugezogen werden, das kein Parlament, sondern der höchste Gerichtshof Frankreichs ist. Im obliegt es, alle königlichen Erlasse juristisch abzusegnen. Weigerte das Parlament sich, gab es nur eine Möglichkeit, den königlichen Willen durchzusetzen, das sogenannte „lit de justice". Ein solches, das aus der königlichen Anwesenheit besteht, sollte 1648 wieder einmal stattfinden. Omer Talon, der Sprecher der Versammlung, begnügte sich nicht mit der Verweigerung, die an sich ungesetzlich war. Er „unterbreitete", schreibt Bernier, „eine gänzlich neue Verfassungstheorie". Edikte (ich referiere weiter) würden nur dann zu Landesgesetzen, verkündete er, wenn das Parlament sie diskutiert und ihre Registrierung autorisiert habe. (So etwas hätte der vierzehnte Ludwig, um das vorausschauend einzuflechten, sich nicht gefallen lassen. Aber die Regentin stand allein da, sie war als „Österreicherin" nicht beliebt und Ludwig XIV. war erst zehn Jahre alt.) Warum sollte die Gegenwart des Königs ein Edikt legalisieren, wenn das Parlament sich bereits dagegen entschieden hatte? Das sei weder logisch, noch moralisch. So der Präsident des Parlaments, der sich damit eine Heilige Kuh zu schlachten anschickte, denn das „lit de justice" setzte im Grunde die Kontrollfunktion des Parlaments aus und sorgte für die uneingeschränkte Durchsetzung des königlichen Willens: es war das Instrument des Absolutismus. Talon „stellte mit seinem Vorschlag praktisch die Richter als Mitherrscher neben den König“ (Bernier, 39). „Das ‚Parlement de Paris‘ wäre in die Position aufgerückt, die das englische ‚Parliament‘ innehatte“, schreibt der Fachmann. Ludwig, der Zehnjährige, saß auf einem samtenen Kissen dabei und empfand mehr oder minder deutlich, dass es sich um einen Akt der Insubordination handelte – denn schon als kleiner Bub hatte er ein ausgeprägtes Gefühl für seine Rolle als unbeschränkter Herrscher über dieses große Land Frankreich. Und wie ging es weiter? Der Aufstand des Parlaments nahm schärfere Formen an. Es ignorierte das „lit de justice“ und verweigerte weiterhin die verlangte Registrierung. Als Strafmaßnahme widerrief die Königin das Gesetz, welches die Erblichkeit der Parlamentsposten zusicherte. Auch das war eine einschneidende Maßnahme, wenn sie durchsetzbar gewesen wäre. Denn die neu zu besetzenden Posten verstorbener Richter wären natürlich vom König bestimmt worden. Da nun wandte Omer Talon sich an die nächst höheren Instanzen, den „Grand Conseil“, den „Cour des Aides“ und den „Cour des Comptes“ (über deren Funktionen ich nichts Näheres sagen kann). Diese vier Institutionen zusammen hätten in der Tat aus der Monarchiee ohne Wenn und Aber eine parlamentarische Monarchie gemacht, was allen französischen Traditionen zuwiderlief. Mazarin untersagte dies (er war der offizielle Nachfolger Richelieus), doch die von Omer Talon geplante Vereinigung fand trotzdem statt, Datum: 16. Juni 1648. Es ging um eine Revolution von oben. König oder Königin hätten das Recht verloren, Untertanen nach Gutdünken verhaften zu lassen, Steuern wären nur noch mit Zustimmung des Parlaments festzulegen, usw. Die Situation schien aussichtslos. Da stimmten Anna und Mazarin scheinbar der neuen Regelung zu, riefen aber gleichzeitig den Prinzen von Condé, der die größte französische Armee befehligte, zu Hilfe. Dieser hatte gerade bei Lens einen strahlenden Sieg errungen und binnen dreier Monate sollte der westfälische Frieden in Münster geschlossen werden. Man feierte den Sieg in Notre-Dame – und anschließend an das Te Deum ließ die Regentin die vier Anführer des Pariser Parlaments verhaften. Dagegen erhob sich die Bevölkerung von Paris. Barrikaden wurden quer über die Straßen aufgehäuft, so dass keine weiteren Truppenbewegungen in der Stadt mehr möglich waren. Das war der Bürgerkrieg. Der Königin blieb keine andere Wahl, als die Parlamentarier wieder freizulassen. Damit ebbten die Aufstände ab, aber Mazarin schien es trotzdem geraten, den Wohnsitz des Königs aus der Stadt heraus zu verlagern. Wenn Condé, den die Königin weiter um Hilfe bat und der nichts von den „Schreiberlingen" des Parlaments hielt, Paris zurückerobern würde, könnte die Monarchie noch einmal gerettet werden. Aber würde der eitle, selbstherrliche Prinz das tun? Offenbar wurde er (habgierig wie er war) von den Parlamentariern bestochen. Jedenfalls verlangte er, die Königin solle den Bedingungen des Parlaments zustimmen – und mit Tränen in den Augen unterzeichnete Anna das Dokument, das, wie sie sagte, ihren Sohn zum Spielkartenkönig degradierte. Die Lage schien noch verzweifelter zu sein als zuvor. Doch man hatte nicht mit dem Taktiergeschick Mazarins gerechnet. Er bestach (so einfach ist das!) Condé unter dem Vorwand, das Geld als Sold für seine Truppen zu verwenden (Mazarin war reich genug, um sich so etwas leisten zu können). Und dann stellte er den beiden Brüdern, Condé und dem Prince de Conti, die Kardinalswürde in Aussicht, die offenbar ein so begehrter Posten war, dass der Köder wirkte. Dennoch schien es der Königin geraten, sich aus dem Königspalast in der Stadt fortzubegeben. Dort wäre sie in den Händen der Herren vom Parlament gewesen. Die Königin tat nicht dergleichen, ging zu Bett und stand nachts um drei wieder auf, um eine

Kutsche zu besteigen, die sie und den kleinen Ludwig nach Saint-Germain-en-Laye fuhr, ohne dass jemand die Flucht bemerkte. Mazarin hatte dort alles zur Unterbringung der Königsfamilie (mit Zofen und Dienstpersonal) vorbereitet – man befand sich in Sicherheit. Bernier schreibt, bei diesem Entschluss, gegen den Willen des Parlaments aus der Stadt zu ziehen (Saint-Germain lag damals noch außerhalb der Peripherie von Paris, heute ist es eine Vorstadt), bei diesem Entschluss also sei ihr die Enthauptung von Englands König Karl I. warnend vor Augen gestanden. Man sage nicht, das Schicksal der französischen Monarchie habe nicht an einem seidenen Faden gehangen. Aber weder die Regentin noch der künftige König vergaßen je diese Demütigung, so dass, im Gegenstoß, die Rolle des Pariser Parlaments von Ludwig XIV. verkleinert wurde und der Herrscher wusste: auf seine nächsten Verwandten war auch kein Verlass. Besser war es, sich Minister aus dem Bürgerstand heranzuziehen, die einem alles verdankten und infolgedessen treu und ergeben dienten (wie Colbert, Le Tellier und Lionne).

Ich fahre fort in meinem Bericht. In Saint-Germain hatten die Königin, der kleine Ludwig und das Personal zwar Unterschlupf gefunden, aber es fehlte an allem. „Die Herzogin von Orléans und Mademoiselle, also die älteste Tochter des Königsbruders, bekannt als Mlle de Montpensier, schliefen auf Stroh.“ Und doch mussten Monate vergehen, bis die königliche Familie wieder nach Paris zurückkehren konnte: das geschah am 18. August 1649, und die Pariser umjubelten, als wäre nichts geschehen, die Königin und den kleinen Prinzen. Dabei hatte die königliche Armee Paris umzingeln müssen, die Pariser stellten ihrerseits eine Armee auf und ließen sich dabei von den Spaniern unterstützen. Dass das der Landesfeind war, scherte niemanden. Die Erklärung aus dem Jahre 1648 blieb in Kraft, aber bis auf Weiteres war der unberechenbare Condé der Herr der Lage; Mazarin bemühte sich persönlich um ein Arrangement mit dem hochnäsigen Prinzen, doch dieser „trunken vor Stolz und Macht, nannte ihn von Angesicht zu Angesicht einen ‚sizilianischen Schurken' und ohrfeigte ihn sogar. Dann beschloss er, die Königin solle einen von ihm ausgewählten Mann zum Liebhaber nehmen, einen Marquis von Jarzé, den Anna zu Recht öffentlich zurechtwies." Condé war unerträglich. So musste man versuchen, einige seiner Freunde für sich zu gewinnen. Hier nun kommt erstmals der spätere Kardinal und derzeitige Koadjutor Retz ins Spiel. Er zählte zu den eifrigsten Verschwörern unter den Frondeuren und war immerhin der Neffe des Erzbischofs von Paris (Bernier, 45/46). Auch er – mit Familiennamen Gondi – war von Condé beleidigt worden und brannte darauf, selbst Kardinal zu werden. Anna versprach ihm das und tat so, als ob sie ein Auge auf ihn geworfen hätte (wovon nicht die Rede sein konnte). Gondi versprach seine Zustimmung und die seiner Freunde für den nächsten Schritt. Und der bestand in nicht mehr und nicht weniger als einer Verhaftung der beiden Brüder Condé und Conti, die am 18. Januar 1850 in die Festung nach Vincennes gebracht wurden. Nun hing das Schicksal der Nation vom Verhalten des dritten der drei tüchtigen Feldherren der Zeit, Turenne, ab. Dieser war zwar zerstritten mit Condé, doch es überwog der Korpsgeist: „Er beschloss sich so zu verhalten, dass der Hof veranlasst wäre, Condé wieder auf freien Fuß zu setzen". Und „er sandte Boten an alle Truppen, die unter Condés Kommando gestanden hatten, und an alle Gouverneure, die… Unzufriedenheit mit dem Hof gezeigt hatten". Bernier geht auf dieses Faktum ein, um zu sagen, „wie groß die Insubordination" der Generäle und „wie gering die Loyalität gegenüber der Krone geworden war" (46). „Die Pflicht gegenüber König und Vaterland war zu einer Sache geworden, die man mit der gleichen Leichtigkeit ab- und anlegte wie ein Paar Handschuhe" (47). Selbst Turenne, der Sieger so mancher Schlacht gegen die Spanier, „schlug sich auf die Seite des Feindes, gegen den er gekämpft hatte". Er sorgte dafür, dass kein Frieden geschlossen würde, ehe nicht Condé wieder auf freien Fuß gesetzt wäre. Ludwig, schreibt Bernier bei der Gelegenheit, „erkannte nur zu gut, dass seine gottgegebene Autorität verspottet und sein Reich von verfeindeten Armeen verwüstet wurde." Immerhin „wuchs er zu einem starken, gesunden und tatkräftigen jungen Mann heran" (47) und das gab Hoffnung.

Aber noch war man nicht aus der Patsche heraus. Im Gegenteil. Es ist bezeichnend für die Fronde, dass da nun auch die Damen des Hochadels anfingen, in das Geschehen einzugreifen. Mme de Longueville, eine dieser Amazoninnen, Condés Schwester und Turennes Mitstreiterin, hatte sich vorgenommen, die Stadt Rouen zu erobern und zu besetzen. Rouen, die Hauptstadt der Normandie, eine der größten und reichsten Städte Frankreichs, war das Tor nach Paris, es wachte über den Unterlauf der Seine, den Transportweg der Lebensmittel und anderer Waren nach Paris von Norden. Wer Rouen besaß, konnte Paris aushungern. Was tun? Hier brachten Mazarin und die Königin erstmals den jungen König ins Spiel. Sie rüsteten eine von ihm geleitete Expedition aus, und Rouen, das wahrscheinlich vor Mazarin die Pforten verschlossen hätte, hieß Ludwig XIV. enthusiastisch willkommen. Dem jungen König gefiel die Maßnahme nicht. Er spürte, dass er als Puppe behandelt wurde. Und schlimmer: als dasselbe Spiel bei Bordeaux, das auch abtrünnig zu werden drohte, gespielt werden sollte, schlug es fehl: die Stadt versagte dem König den Zutritt! Außerdem waren die spanischen Truppen auf dem Vormarsch nach Frankreich (was Wunder, wo doch Frankreichs beste Feldherren inhaftiert waren und Turenne ein unsicherer Kandidat war). Die Schuld an der misslichen Lage aber wurde, so war das immer, dem Kardinal Mazarin in die Schuhe geschoben. Er wurde „endgültig zum bestgehassten Mann

Frankreichs“ (49). Anna vertraute ihm zwar, doch „niemand konnte sagen, wie lange sie noch in der Lage sein würde, ihn zu halten.“ Warum Mazarin so verhasst war, erklärt Bernier so: „Der König war zu jung, um angeschuldigt zu werden, die Königin immer noch zu angesehen – also wurde der Kardinal auf alle nur erdenklich Weise verleumdet“ (49). Als dann auch noch Gondi, der sein Kardinalat nicht bekommen hatte, von der Königin abfiel, hatte sie alle Unterstützung verloren – umso mehr schloss sie sich mit Mazarin zusammen.

So war die Lage 1650.

Man sollte es nicht für möglich halten, aber sie verschlimmerte sich im folgenden Jahr noch mehr. Ich verzichte auf die weitere Nacherzählung, aber ich denke, so viel war wohl erforderlich, um deutlich zu machen, dass die Fronde keine „Krise“ war, die abzuschütteln den Anhängern der Monarchie ein Leichtes gewesen wäre. Nein, es stand die Existenz der Nation als Königreich auf dem Spiel. Nur den Tricks Mazarins gelang es, den Frondeuren schließlich doch das Wasser abzugraben. Dazu zählte auch seine Flucht zuerst nach Lüttich, dann nach Schloss Brühl im Jahre 1651, von wo aus er seine Fäden weiter spann, die königlichen Prinzen gegeneinander aufhetzte und schließlich und endlich nach Frankreich zurückkehrte, die Zügel in die Hand nahm und das Land regierte, bis Ludwig XIV. 1661 erklärte, er werde von nun selbst regieren – was er auch energisch und schlau tat und womit er im Vollbesitz seiner königlichen Macht zum mächtigsten Herrscher Europas aufrückte. Aber über den König wird weiter zu berichten sein, wenn von seinen Porträtisten die Rede sein wird. Zunächst haben wir es mit Mazarin zu tun, den der uns auch schon bekannte Retz, der schließlich doch noch Kardinal wurde, porträtiert hat.

1. RETZ PORTRÄTIERT MAZARIN

1642 starb Richelieu. 1661 trat Ludwig XIV. seine Regierung an. Was geschah in Frankreich in der Zwischenzeit? Die Antwort kann nur lauten: „Le cardinal Mazarin gouverna despotiquement la reine et le royaume…“ So jedenfalls drückt Voltaire das in seiner „Geschichte des Parlaments“ aus (Ausgabe Desoër, Paris 1817, V, 993). Ob „despotiquement“ das richtige Wort war, mag man sich allerdings fragen. Denn „wo Richelieu gedroht und gefordert hatte, da bat und schmeichelte sein Nachfolger“, schreibt Friedrich Sieburg in seiner *Kleinen Geschichte Frankreichs* (1953,88). Wahrscheinlich hätte der Italiener, dem das Volk nie seine Herkunft vergaß, gar nicht die Macht gehabt, aufmüpfige Adlige, die gegen das Duellverbot verstießen, einen Kopf kürzer zu machen, wie Richelieu das getan hatte, aber es hätte ihm sicher auch nicht gelegen. Lavieren war seine Sache. Und wieder kann man Voltaire dazu anführen: ihm kamen die Siege des „grand Condé“ zu statt, aber von den Finanzen verstand Mazarin nichts, ja: „Mazarin entendait cette partie du gouvernement plus mal encore que Richelieu. Il borna le cours de son ministère à se procurer une fortune de cent millions; c'était le premier homme du monde pour l'intrigue, et le dernier pour le reste“ (ib.). Um die Kasse mit Geld zu füllen, das der Italiener für seine Bauten und seine Sammlungen von Kunstschätzen brauchte, ernannte er einen Landsmann, Particelli d'Emeri, zum Steuereinnehmer, erfand eine neue Steuer und schickte ihn in die Außenbezirke der Hauptstadt, wo die Ärmsten der Armen sich in Bretterbuden notdürftig eingerichtet hatten und saugte sie aus bis zum letzten Heller. Das sei die Ursache für die Zusammenrottung der Bevölkerung von Paris gewesen, schreibt Voltaire, die nur deswegen nicht zu dem erhofften Erfolg führte, weil das Pariser Parlament dermaßen in sich zerstritten war, dass es keine Abhilfe schaffen konnte. So weit Voltaire, den ich zum Zeugen für das Urteil herangezogen habe, das bis heute von Mazarin verbreitet ist.

Dabei hat dieser Fremdling aus den Abruzzen für Frankreich nicht weniger Gutes getan als sein harscher Vorgänger Richelieu, in dessen Schule er groß geworden war. Und Giulio Mazzarini entstammte nicht der Hefe des Volkes, er war kein armer, verhungerter Hirtenbub gewesen, wie Scarron ihn in seiner „Mazarinade" hinstellt, seine Familie war angesehener, als das Gerücht ging. Ein Onkel, der als Prediger großes Ansehen genoss, nahm den Jungen mit nach Rom, wo er im Hause der Colonna unterkam: eine bessere Adresse konnte es kaum sein. Und so zog denn unser Giulio zusammen mit einem gleichaltrigen Colonna-Sprössling 1622 nach Spanien, um in Alcalá und Madrid Jura zu studieren. Er lernte bei der Gelegenheit Spanisch – und das sollte ihm als Diplomat, besonders bei den Verhandlungen des pyrenäischen Friedens 1659, zugutekommen. Da handelte Mazarin einen Vertrag aus, der an historischer Bedeutung nicht leicht seinesgleichen hat. Ludwig XIV. bekam Maria Teresia, eine Tochter Philipps IV, zur Frau und Frankreich erhielt Teile von Flandern, die Grafschaften Roussillon und anderen Zugewinn an Land: die Pyrenäen bildeten fortan die Grenze zwischen den beiden Großmächten (so, wie das noch heute der Fall ist) und Spanien musste seine Vormachtstellung in Europa an Frankreich abtreten. Da ich bei den historischen Verdiensten Mazarins bin, mag auch gleich des Friedensschlusses zu Münster, 1648, gedacht sein, wo Frankreich die Früchte erntete, die sein Verbündeter Schweden zur Reife gebracht hatte. Welcher Staatsmann kann solche Verdienste zu seinen Gunsten verbuchen? Mazarin verdient als Vollender der von Richelieu eingefädelten Politik im Äußeren eine Anerkennung, die er sich durch seine weniger geglückte Innenpolitik verscherzt hat. Aber wie

kam der Italiener, der übrigens gar kein Geistlicher war und die Kardinalswürde nur erhielt, um mit den Großen des Reiches ranggleich zu erscheinen, wie kam dieser Fremdling dazu, sich der Sache Frankreichs anzunehmen, wie Richelieu es sich nicht besser hätte wünschen und Ludwig XIV. es nicht besser hätte machen können?
Die Entscheidung muss emotional gefallen sein: nachdem er als päpstlicher Nuntius nach Paris entsandt worden war, schloss Mazarini sich dem Kardinal Richelieu an, der das politische Talent des Italieners rasch erkannte. Seit 1639 nennt er sich Mazarin: er ist zum Franzosen geworden! Wahrscheinlich hat dabei auch politischer Ehrgeiz eine gewisse Rolle gespielt. Was hätte man im politisch zerstückelten Italien denn werden können? Hier, in Frankreich, das muss Mazarin gespürt haben, wurden die Weichen für die Zukunft gestellt. Ein absolutistisches Regime, das war es, was den Weg in die Moderne wies, und so tat Mazarin denn auch alles, was Richelieu getan hätte, wenn er nicht so früh gestorben wäre. Kaum war Richelieu nicht mehr am Leben, rückt Mazarin in den „Conseil", das engste Beratergremium der französischen Könige, auf und wird zum Erzieher des vierzehnten Ludwig ernannt, der erst fünf Jahre alt ist. Alles wäre gut gegangen, wenn nicht die „Fronde" wieder alles durcheinander gebracht hätte. Fünf Jahre, von 1648 bis 1653, erschütterte dieser Aufstand das Land, in dem es wirklich drunter und drüber ging, wie wir gesehen haben.
Retz porträtiert Mazarin folgendermaßen:

> „Le cardinal Mazarin était d'un caractère tout contraire. Sa naissance était basse et son enfance honteuse. Au sortir du Colisée, il apprit à piper, ce qui lui attira des coups de bâtons d'un orfèvre de Rome appelé Moreto. Il fut capitaine d'infanterie en Valteline; et Bagni, qui était son général, m'a dit qu'il ne passa dans sa guerre, qui ne fut que de trois mois, que pour un escroc. Il eut la nonciature extraordinaire en France, par la faveur

du cardinal Antoine, qui ne s'acquérait pas, en ce temps-la, par de bons moyens. Il plut à Chavigni par ses contes libertins d'Italie, et par Chavigni à Richelieu, qui le fit cardinal, par le même esprit, à ce que l'on a cru, qui obligea Auguste à laisser à Tibère la succession de l'Empire. La Pourpre ne l'empêcha pas de demeurer valet sous Richelieu. La Reine l'ayant choisi faute d'autre, ce qui est vrai quoi qu'on en dise, il parut d'abord l'original de *Trivelino Principe*. La fortune l'ayant ébloui et tous les autres, il s'érigea et l'on l'érigea en Richelieu; mais il n'en eut que l'impudence de l'imitation. Il se fit de la honte de tout ce que l'autre s'était fait de l'honneur. Il se moqua de la religion. Il promit tout, parce qu'il ne voulut rien tenir. Il ne fut ni doux ni cruel, parce qu'il ne se ressouvenait ni des bienfaits ni des injures. Il s'aimait trop, ce qui est le naturel des âmes lâches; il se craignait trop peu, ce qui est le caractère de ceux qui n'ont pas de soin de leur réputation. Il prévoyait assez bien le mal, parce qu'il avait souvent peur; mais il n'y remédiait pas à proportion, parce qu'il n'avait pas tant de prudence que de peur. Il avait de l'esprit, de l'insinuation, de l'enjouement, des manières; mais le vilain cœur paraissait toujours au travers, et au point que ces qualités eurent, dans l'adversité, tout l'air du ridicule, et ne perdirent pas, dans la plus grande prospérité, celui de fourberie. Il porta le filoutage dans le ministère, ce qui n'est jamais arrivé qu'à lui; et ce filoutage faisait que le ministère, même heureux et absolu, ne lui seyait pas bien, et que le mépris s'y glissa, qui est la maladie la plus dangereuse d'un Etat, et dont la contagion se répand le plus aisément et le plus promptement du chef dans les membres." (Quelle: *Mémoires du Cardinal Retz*, hg. Von Maurice Allem und Edith Thomas, Pléiade 1956, 70-71)

Es ist evident, dass aus diesem Portrait der Aristokrat spricht. Die Wendung „d'un caractère tout contraire" zu Beginn bezieht sich auf den Kardinal Richelieu, der ganz anders beurteilt wird von Retz, denn er *hat* das, was Mazarin vermeintlich nicht hat: „de la naissance"! Nicht-Adlige zählten nicht in den Augen dieses Grafen aus einer Familie, die ein Herzogtum an der Loiremündung besaß, das nach ihr benannt wurde. Den Gegensatz des Plebejers zum Aristokraten herauszustellen, ist also Retzens primäres Anliegen. Da lässt er sich sogar herab, einen nicht gerade vornehmen Ausdruck zu verwenden: „piper“, das heißt „stibitzen“. „Stehlen“ wäre offenbar schon zu hoch gegriffen. Dazu passt, dass Retz in seinen Memoiren immer von „le Mazarin“ spricht, also „dem Mazarin“! Worauf sich die Stockschläge beziehen und was für eine Rolle Mazarin in Valtelino gespielt haben mag, entzieht sich meiner Kenntnis. Freilich: ich habe vieles weggelassen, was noch über den Lebensweg Mazarins zu sagen gewesen wäre. So, dass er einmal eine Hundertschaft Soldaten des Papstes befehligte. Er war also militärisch nicht ganz unbewandert, was er auch in den kriegerischen Auseinandersetzungen der Fronde bewiesen hat. Ob das mit dem „escroc“ stimmt, mag man daher füglich bezweifeln – und das sollten wir auch tun, obwohl uns zunächst interessiert, was über Mazarin alles gesagt wird, nicht, was davon nicht stimmen kann. Chavigni, dem Mazarin nach Retzens Aussage mit seinen anzüglichen Geschichten gefallen hat, war Staatssekretär und Finanzminister unter Ludwig XIII. und wurde schließlich Außenminister. Er soll Mazarin Richelieu empfohlen haben.

Und warum ernannte dieser ihn zu seinem Nachfolger? Retzens Antwort lautet: wie Kaiser Augustus sich (nach Tacitus) selbst ins Licht stellen wollte durch seinen trübseligen Nachfolger Tiberius, so wollte Richelieu sich groß machen durch den Kontrast zu dem kleinen Nachfolger. Das ist eine gemeine Unterstellung, wie sie die Tiberiusdeutung des römischen Historikers auch war. Als Kardinal blieb Mazarin immer noch ein „Knecht Richelieus“, sagt Retz. Knechtisch ist überhaupt sein Hauptvorwurf. Er kommt ihm vor wie eine Dienerfigur der Commedia dell’Arte. Trivelino ist offenbar eine solche. Das Stück, in dem dieser offenbar einen Fürsten darstellt, ist mir so wenig bekannt wie dem Herausgeber der Memoiren des Kardinals, Maurice Allem. Und die Königin, deren Attachement groß war, soll Mazarin „faute de mieux“ an sich gezogen haben! Dieses Verhältnis hat viel Tinte fließen lassen. Bernier meint, eine treue Freundschaft, mehr sei es nicht gewesen. Wie sollte die Königin, die nie allein war, mit dem hereingeschneiten Italiener eine „liaison“ gehabt haben? Praktisch unmöglich! Aber dass Mazarin ein Charmeur war, ist mehrfach belegt. Ein kleiner, schmutziger, gefallsüchtiger Italiener war er nicht und auch natürlich nicht der perverse Ziegenhirt, als den Scarron ihn in seiner „Mazarinade“ vorstellt. Für Retz ist er ein schlechter Nachahmer Richelieus, der sich über die Religion lustig macht. Woher weiß er das? Und er versprach so viel, weil er nichts zu halten im Sinn hatte! Das ist ein böswilliger moralistischer Aphorismus! Ebenso die Unentschiedenheit: nicht sanft, nicht grausam – wie Richelieu es sein konnte. Wohltaten prallten ebenso an ihm ab wie Beleidigungen. Dass da Verstellung im Spiele sein konnte, nimmt Retz nicht an: Und furchtsam war Mazarin, weil er um seine liebe Person besorgt war, nicht etwa um seinen Ruf. Das einzig Positive, was Retz feststellen kann, ist: „esprit“ und „enjouement“, also Geist und Heiterkeit! Schon die „insinuation“, die dazwischen geschoben wird, ist nur noch ein halbes Kompliment. Und wieder kehrt der Porträtist zum Leitmotiv seines Portraits zurück: knechtisch! Im Elend wirkt Mazarin lächerlich – das heißt, er habe keine Standfestigkeit – und im Glück, selbst in der höchsten Stellung, also als Minister, bleibt Mazarin, was er immer schon war: ein Filou! Was schlimm ist, weil es ansteckend wirkt. Selbst wenn er als Minister glücklich war und absolut regierte (wogegen Retz nichts zu haben scheint), bleibt daher Mazarin ein Unheil, denn es gilt das Sprichwort: „wie der Herr, so das Gescherr“.

Selten ist ein Mensch missliebiger beurteilt und böswilliger beschrieben worden. Es spricht Hass aus dem Portrait. Wir wissen, warum: weil Mazarin Retz die Kardinalswürde versprach, die er nicht oder nicht von ihm bekam.

Die bewusst schockierende Pointe lautet: der Minister ist ein „filou". Ein „filou" ist ein durchtriebener Bursche; der kleine Larousse definiert: „personne malhonnête", „voleur", „tricheur". Die Bedeutung wird im 17. Jahrhundert nicht viel anders gewesen sein. Jedenfalls ist es ein Ausdruck, der als „familier" gilt, ins Register einer vornehmen Sprache gehört er nicht. Sagen wir: ein „Filou" ist jemand, der unlautere Mittel benutzt – aber dass er nicht zu seinem Ziel käme, besagt der Ausdruck nicht. Anders urteilt La Rochefoucauld. In seinen „Memoiren" findet sich einmal die folgende Beschreibung des Kardinals:

> „L'habileté que le cardinal Mazarin avait fait paraître en tant d'occasions ne parut pas au duc de La Rochefoucauld (La Rochefoucauld schreibt seine Memoiren in der dritten Person) dans tout le temps que dure cette négociation: il le trouva presque toujours étonné, irrésolu, affectant de fausses vanités, et se servant de petites finesse. Tout défiant qu'était ce ministre, et quelque besoin qu'il eût de ne pas se méprendre à juger de l'état présent de ses affaires, il ne pénétra jamais ce qui se préparait contre lui: il ne connut point les divers intérêts ni les sentiments de tant de gens qu'il croyait attachés à sa fortune, et qui traitaient néanmoins tous les jours de son éloignement et de la liberté des Princes."

La Rochefoucauld schreibt dem Kardinal also schlechterdings Unfähigkeit zu. Da sich diese Beurteilung im zweiten Teil der Memoiren findet, die 1649 fertiggestellt wurden, ist die Fronde noch im vollen Gang, als sie verfasst wurde. Vielleicht kann man sagen, Mazarins politisches Geschick habe sich erst später gezeigt, dennoch täuscht sich der so scharfblickende Menschenbeobachter offensichtlich über den wahren Charakter und die Fähigkeiten des Italieners. Mazarin muss das Geschick besessen haben, die Leute ihn unterschätzen zu lassen. Und was La Rochefoucauld „irrésolution" schien, war wohl eher Abwartetaktik. Jedenfalls hat Mazarin schließlich alles erreicht, was er erreichen wollte, und das war mit Unentschlossenheit und Fehleinschätzungen der Lage nicht zu machen. Durch sein Auftreten machte der „Hergelaufene“ sich unbeliebt; aber unfähig war er so wenig wie „malhonnête“. Ich sagte es schon: er hat Frankreich gerettet. Die Frondeure hätten es nur ins Unglück gestürzt, der eitle Retz vorneweg.

Wir wissen nicht genau, wann Retz diesen Teil seiner Memoiren geschrieben hat. Das Wahrscheinlichste ist: 1662, also ein Jahr nach dem Tod des Kardinals Mazarin. Es kann also nicht die Rede davon sein, dass er aus einer spontanen Verärgerung heraus geschrieben hätte. Im Gegenteil: er wollte das Bild von dem Minister als Gauner der Nachwelt überliefern. Kommt man von dem unmittelbar vorausgehenden Portrait Richelieus her, merkt man erst recht, wie weitgehend dieses Portrait als ein Gegenbild zu dem des großen Kirchenmannes und Politikers konzipiert ist. Das fängt, wie gesagt, schon mit der Geburt an: dort sprach Retz von einer so hohen Geburt und von so frühen Verdiensten, dass sie „Funken warfen“. Besonders auffällig ist der Satz „Il promit tout, parce qu'il ne voulut rien tenir“, der die Heimtücke zu einem Wesenszug Mazarins macht. Richelieu, schrieb Retz hingegen, „était un homme de parole“. Nur wenn ein Staatsinteresse ihn dazu zwang, hielt er sein Wort auch mal nicht, aber immer sorgte er dafür, den Anschein zu wahren. Da wird die Verstellung gutgeheißen. (Retz ist ein Tacitusleser!). Auffällig ist die „Bestimmtheit“, von der Retz sagt, dass Richelieu sie hatte – ausgedrückt durch den Satz. „il n'en eut jamais le je ne sais quoi“, das „en“ bezieht sich auf das äußere Auftreten. Die Größe, die Mazarin vergebens vorzutäuschen versuchte, denn „le vilain cœur paraissait toujours au travers“, besaß Richelieu in dem Maße, dass er die königliche Majestät in den Schatten stellte. Und während

Mazarin sich über die Religion lustig machte, sagt Retz von Richelieu: „Il avait assez de religion pour ce monde“.

Selbst wenn wir in Betracht ziehen, dass Retz ein psychologisches Portrait liefern und nicht auch die historischen Verdienste registrieren wollte, was ja in einem Nachruf durchaus angebracht gewesen wäre, verwundert es, dass hier davon überhaupt nicht die Rede ist. Schließlich hat Mazarin außenpolitisch für Frankreich mehr getan als irgendein Politiker der Zeit, Richelieu eingeschlossen. Und dann hat er zwar Kunstschätze in Mengen gesammelt und sich bereichert, wie er nur konnte – den Verfassern der Mazarinaden gefiel das gar nicht – und eine Bibliothek (von maximal 45000 Bänden) zusammengestellt, die öffentlich zugänglich war. Nein: er war ein „filou“: das festzustellen, war das A und O dieses umtriebigen Frondeurs.

Anhang:

Um vor Augen zu führen, dass Retz nicht immer nur seinen Hass sprechen lässt, wenn er Personen porträtiert, füge ich quasi komplementär noch drei seiner Portraits hinzu, die es verdienen, wiedergegeben zu werden. Retz behauptet, die Adressatin seiner Erinnerungen (die wahrscheinlich eine erfundene Person ist) liebe Portraits. Deshalb habe er hier noch ein paar hingesetzt. Sie können also ohne Weiteres und ohne den Kontext zu berücksichtigen wiedergegeben werden. Man findet sie in Retzens Memoiren der Pléiade-Ausgabe, Seite 154ff.

Zuerst die Königin, Anna von Österreich:

> La Reine avait plus que personne que j'ai jamais vu, de cette sorte d'esprit qui était nécessaire pour ne pas paraître sotte à ceux qui ne la connaissaient pas. Elle avait plus d'aigreur que de hauteur, plus de hauteur que de grandeur, plus de manières que de fond, plus d'inapplication à l'argent que de libéralité, plus de libéralité que d'intérêt, plus d'intérêt que de désintéressement, plus d'attachement que de passion, plus de dureté que de fierté, plus de mémoire des injures que des bienfaits, plus d'intention de piété que de piété, plus d'opiniâtreté que de fermeté, et plus d'incapacité que de tout ce que dessus.

Man muss das Portrait von hinten nach vorne lesen, dann weiß man Bescheid: Unfähigkeit ist das allgemeinste Kennzeichen der Königin (wenn nicht Hass, so spielen doch zahllose Kränkungen in dieses Portrait hinein); und was ihr des Weiteren abgeht, das sind: Festigkeit, Frömmigkeit, Stolz, Leidenschaft, Eigennutz, Größe, auch das Hochfahrende und einiges mehr, wohingegen was sie hatte (ich erinnere nur an einiges), war die Gabe, geistreich zu erscheinen, Verärgerung oder Nachträglichkeit, Manieren, Freizügigkeit, Härte, die Absicht, fromm zu sein und Halsstarrigkeit. 1666 war die Königin gestorben. Dass dies danach geschrieben wurde, ist evident.

Dagegen Monsieur le Prince, also le Grand Condé:

> Monsieur le Prince est né capitaine, ce qui n'est jamais arrivé qu'à lui, à César et à Spinola. Il a égalé le premier; il a passé le second. L'intrépidité est l'un des moindres traits de son caractère. La nature lui avait fait l'esprit aussi grand que le cœur. La fortune, en le donnant à un siècle de guerre, a laissé au second toute son étendue: la naissance, ou plutôt l'éducation dans une maison attachée et soumise au cabinet, a donné des bornes trop étroites au premier. L'on ne lui a pas inspiré d'assez bonne heure les grandes et générales maximes, qui sont celles qui font et qui forment ce qu'on appelle l'esprit de suite. Il n'a pas eu le temps de les prendre par lui-même, parce qu'il a été prévenu, dès sa jeunesse, par la chute imprévue des grandes affaires et par l'habitude au bonheur. Ce défaut a fait qu'avec l'âme du monde la moins méchante, il a fait des injustices; qu'avec le cœur d'Alexandre, il n'a pas été exempt, non plus que lui, de faiblesse; qu'avec un esprit merveilleux, il est tombé dans des imprudences; qu'ayant toutes les qualités de François de Guise, il n'a pas servi l'Etat, en de certaines occasions, aussi bien qu'il le devait; et qu'ayant toutes celles de Henri du même nom, il n'a pas poussé la faction où il le pouvait. Il n'a pu remplir son mérite, c'est un défaut; mais il est rare, il est beau. (155)

Nur die Umstände führten zu Einschränkungen dieses als solches vollkommen positiven Portraits. Dies, um zu sagen, dass Retz kein professioneller Schwarzseher war wie La Rochefoucauld.

Ich gebe noch das Portrait des ebenfalls sehr tüchtigen Feldherren Turenne wieder:

> M. de Turenne a eu, dès sa jeunesse, toutes les bonnes qualités, et il a acquis les grandes d'assez bonne heure. Il ne lui a manqué aucune de celles dont il ne s'est pas avisé. Il avait presque toutes les vertus comme naturelles, il n'a jamais eu le brillant d'aucune. L'on l'a cru plus capable d'être à la tête d'une armée que d'un parti, et je le crois aussi, parce qu'il n'était pas naturellement entreprenant. Mais toutefois qui le sait? Il a toujours eu en tout, comme de son parler, de certaines obscurités qui ne se sont

> développées que dans les occasions, mais qui ne s'y sont jamais développées qu'à sa gloire.

Folgen noch zwei Portraits von Feldherren, und dann dasjenige des Herzogs von La Rochefoucauld, das unten angesprochen werden soll.

2. LA ROCHFOUCAULD PORTRÄTIERT RETZ

François-Paul de Gondi (1613-1679) entstammte einer Florentiner Familie, die mit Katharina Medici nach Frankreich gekommen und dort zu Reichtum und Ansehen gelangt war. Seit 1581 nannten sich die Gondis Grafen von Retz. Traditionellerweise besetzten sie den Posten des Erzbischofs von Paris. Auch François-Paul sollte diesen einnehmen und bekam infolgedessen eine geistliche Ausbildung. Mit neun Jahren wurde er zum Priester ernannt und erhielt eine Pfründe von 23000 Pfund. (Ich referiere nach der Literaturgeschichte von Antoine Adam, Band IV, Seite 125ff.). Er soll neben dem selbstverständlichen Latein Griechisch, Hebräisch, Italienisch und Deutsch gekonnt haben: ein Universalgenie! Aber er hat bekannt, eigentlich nicht zum Geistlichen berufen zu sein, sympathisierte also wahrscheinlich eher mit den Libertins, wie das damals bei vielen jungen Adligen der Fall war. Angeblich duellierte er sich mehrere Male eigens zu dem Zweck, nicht länger Priester bleiben zu müssen. Aber niemand nahm davon Kenntnis, und 1644 bestieg er schon die unterste Stufe der geistlichen Karriere, die ihn schließlich Kardinal werden ließ: er wurde zum „Erzbischof in partibus von Korinth“ und zum Koadjutor des Bischofs von Paris ernannt. Äußerlich passte der Heranwachsende sich dem Habitus an, so dass der Heilige Vincent de Paul (1581-1660), der zu seinen Erziehern zählte, große Hoffnungen in den künftigen Heiligen setzte. Aber Antoine Adam schreibt: „Derrière ce masque de décence et de gravité, Retz dissimulait sa résolution bien déterminée de satisfaire ses passions, qui étaient fortes et son orgueil, qui était infini.“ Folgen die Amouren, die Mätressen, deren Retz gleichzeitig mehrere gehabt haben soll. Das Leben, schreibt Adam, schien ihm „une vaste comédie“ zu sein, auf der es galt, seine Rollen zu spielen und auf das pöbelhafte Volk herabzusehen. Einzig der Adel zählte – und das Streben nach Ruhm. Und den glaubte Retz in der Politik zu erreichen, die er als das beste Betätigungsfeld für seinen Ehrgeiz ansah. Tacitus und Plutarch seien seine Inspiratoren gewesen, schreibt Adam, Machiavelli sein Lehrmeister. Mit 18 Jahren verfasste er die Geschichte des Aufstands des Fiesko zu Genua, die man von Schiller her kennt und in der es darum geht, die Gunst des Volkes durch Bestechung zu erwerben, ohne bei den Großen anzuecken. Im entscheidenden Moment muss der Anführer dann handeln und darf dabei keine moralischen Skrupel kennen. Richelieu soll von dem Stück Kenntnis genommen und gesagt haben, der Mann sei gefährlich.- Kaum kündigten sich die Wirren der Fronde an, war Retz dabei und hetzte den Pöbel von Paris auf. Der Hof bekam Wind davon und nahm ihn gefangen: 15 Monate verbrachte der künftige Kardinal im Gefängnis zu Vincennes, zwei weitere in einem Schloss bei Nantes. Dann entfloh er und verletzte sich dabei gefährlich. Wir haben es mit einem Abenteurer zu tun. Und es schien Retz geraten, auszuwandern: er geht zuerst nach Spanien, begibt sich dann nach Italien, kommt über Florenz und Siena nach Rom, wo er vom Papst freundlichst empfangen und finanziell unterstützt wird (4000 Ecus und eine jährliche „Pension“ von nochmals 3000 Ecus). Und der Papst ernennt Retz zum Kardinal (2. Dezember 1654). Ich habe die Aktivitäten zugunsten der Fronde überschlagen: sie waren vielfältig und unübersichtlich. Inwieweit Retz der Hauptanstifter der Pariser Unruhen war, vermag ich nicht zu sagen, jedenfalls mobilisierte er nicht nur den Pöbel, er tat auch alles, um Mazarin aus dem Lande zu vertreiben, was vorübergehend zu dem gewünschten Erfolg führte.

Es folgt La Rochefoucaulds Portrait des Kardinals Retz:

> Paul de Gondi, cardinal de Retz, a beaucoup d'élévation, d'étendue d'esprit, et plus d'ostentation que de vraie grandeur de courage. Il a une mémoire extraordinaire; plus de force que de politesse dans ses paroles; l'humeur facile, de la docilité et de la faiblesse à souffrir les plaintes et les reproches de ses amis; peu de piété, quelques apparences de religion. Il paraît ambitieux sans l'être; la vanité, et ceux qui l'on conduit lui ont fait entreprendre de grandes choses, presque toutes opposées à sa profession; il a suscité les plus grands désordres de l'Etat, sans avoir un dessein formé de s'en prévaloir, et bien loin de se déclarer ennemi du cardinal Mazarin pour occuper sa place, il n'a pensé qu'à lui paraître redoutable, et à se flatter de la fausse vanité de lui être opposé. Il a su néanmoins profiter avec habileté des malheurs publics pour se faire cardinal; il a souffert sa prison avec fermeté, et n'a dû sa liberté qu'à sa hardiesse. La paresse l'a soutenu avec gloire, durant plusieurs années, dans l'obscurité d'une vie errante et cachée. Il a conservé l'archevêché de Paris, contre la puissance du cardinal Mazarin; mais après la mort de ce ministre, il s'en est démis sans connaître ce qu'il faisait, et sans prendre cette conjoncture pour ménager les intérêts de ses amis et les siens propres. Il est entré dans divers conclaves, et sa conduite a toujours augmenté sa réputation. Sa pente naturelle est l'oisiveté; il travaille néanmoins avec activité dans les affaires qui le pressent, et il se repose avec nonchalance quand elles sont finies. Il a une grande présence d'esprit, et il sait tellement tourner à son avantage les occasions que la fortune lui offre, qu'il semble qu'il les ait prévues et désirées. Il aime à raconter, il veut éblouir indifféremment tous ceux qui l'écoutent par des aventures extraordinaires, et souvent son imagination lui fournit plus que sa mémoire. Il est faux dans la plupart des ses qualités, et ce qui a le plus contribué à sa réputation est de savoir donner un beau jour á ses défauts. Il est insensible à la haine et à l'amitié, quelques soins qu'il ait pris de paraître occupé de l'une ou de l'autre; il est incapable d'envie et d'avarice, soit par vertu, soit par inapplication. Il a plus emprunté de ses amis qu'un particulier ne pouvait espérer de leur pouvoir rendre; il a senti de la vanité à trouver tant de crédit, et à entreprendre de s'acquitter. Il n'a point de goût ni de délicatesse; il s'amuse à tout et ne se plaît à rien; il évite avec adresse de laisser pénétrer qu'il n'a qu'une légère

> connaissance de toutes choses. La retraite qu'il vient de faire est la plus éclatante et la plus fausse action de sa vie ; c'est un sacrifice qu'il fait à son orgueil, sous prétexte de dévotion: il quitte la cour, où il ne peut s'attacher, et il s'éloigne du monde, qui s'éloigne de lui.

In diesem sorgfältig abgewogenen Portrait verleugnet sich der Moralist nicht. Er stellt fest, wägt ab, registriert die Qualitäten, fühlt sich aber verpflichtet, Einschränkungen anzubringen, wo immer ihm das angebracht oder notwendig erscheint – und das ist oft der Fall. Retz hat einen Sinn für das Große, er ist kein kleinlicher Mensch: „élévation" und „étendue d'esprit", das klingt positiv, aber die Einschränkung kommt sogleich: „plus d'ostentation que de vraie grandeur du courage". Er ist demnach ein Blender, ein Angeber. Das sieht im nächsten Satz nicht anders aus, obwohl es etwas anders formuliert wird: ein außergewöhnlich gutes Gedächtnis, das hat nicht jeder, aber in der hinzugefügten Bemerkung „plus de force que de politesse" steckt wieder eine Einschränkung. „Politesse" dürfte der höhere Wert sein für einen „honnête homme", wie La Rochefoucauld einer ist. „Humeur facile" ist schwer einzuschätzen. Was ist gemeint? Eine leichte Zugänglichkeit? Erst recht schwierig, geradezu verzwickt wirken die folgenden Bemerkungen: „docilité" mutet an wie „Fügsamkeit", aber was ist das? Und wie kann es eine Schwäche sein, wenn jemand die Klagen und Vorwürfe seiner Freunde „erduldet"? Aber so ist das Portrait: es ist ein Bild der Nuance. Wie kann einer wenig Frömmigkeit und „einen Anflug von Religion" haben? Beides in „geringerer Dosis" offenbar. Dass jemand ehrgeizig zu sein scheint, ohne es zu sein, ist schon eher verständlich – wie überhaupt hier mehr Schein als Sein registriert wird, was für den Moralisten spricht, der hier am Werk ist. Schwierig ist dann wieder der nächste Satz: es ist die Eitelkeit, und es sind die, die Retz geführt haben, die ihn große Dinge haben unternehmen lassen – also ist es nicht sein eigener Wille, nicht der eigene Antrieb? Und Retz hat den Staat in Unordnung gebracht, er ist ein Unruhestifter, freilich ohne die Absicht gehabt zu haben, das zu sein. Also gilt auch hier: Retz trieb nicht, er ließ sich treiben. Den Platz Mazarins, heißt es dann (es ist doch auch ein politisches Portrait), habe er nicht so sehr angestrebt, als dass er ihm habe imponieren, ihm Angst einflößen wollen. Er wollte sich selbst schmeicheln mit der „falschen" Eitelkeit, sein Feind zu sein. Nichts ist einfach, alles ist kompliziert bei diesem Portrait! Ist es der Porträtierte oder ist es nicht vielleicht der Porträtierende, der die Dinge so kompliziert? – Dann wurde Retz gefangen genommen: das ertrug er mit Festigkeit, aber seine Befreiung hat er mit Kühnheit erreicht. Das kann man verstehen. Aber unglaublich klingt, was kommt: aus Trägheit hat Retz jahrelang im Dunkeln eines herumirrenden Lebens gelebt. Mag sein. Retz ist nach all dem nicht ohne positive Eigenschaften, aber es bleibt der Eindruck eines undurchsichtigen Charakters, der vieles unbeabsichtigt getan, oft nicht gewusst haben soll, was er eigentlich tat und der im Grunde faul war, obwohl er bisweilen aktiv für seine Angelegenheiten eingetreten ist. Ein Plauderer, zugleich aber jemand, der sein Licht nicht unter den Scheffel stellt und mit großen Abenteuern aufwarten kann, um seine Zuhörer zu beindrucken. Kurz, in den meisten Qualitäten, die La Rochefoucauld Retz zuschreibt – und das sind ja nicht wenige – ist Retz „falsch", also jemand, der die Welt täuscht. Selbst seine Fehler nutzt er, um seinen Ruf aufzubessern. Viele Eigenschaften aber, die andere Menschen haben, gehen ihm ab: er hasst nicht, ist nicht neidisch und nicht geizig – aber ob er das aus „Tugend" oder aus Bequemlichkeit ist, weiß man nicht. Und es häufen sich die Negativa gegen Schluss: kein Geschmack, kein Feingefühl, so ist und bleibt dieser Mann undurchsichtig – was Wunder, dass er vereinsamt, seitdem er sich in die Einsamkeit zurückgezogen hat. Fast möchte man sagen: Retz ist ein „Mann ohne Eigenschaften", obwohl die Einschränkungen überwiegen. Man traut dem so Porträtierten nicht über den Weg.

Interessanterweise hat La Rochefoucauld später ein deutlich positiveres Portrait von Retz geschrieben. Man findet es im Anhang der Pléiade-Ausgabe seiner Memoiren wiedergegeben und kommt zu einem etwas anderen Eindruck, wenn man es liest. Zum Beispiel hält La Rochefoucauld Retz da für fromm, ja, er spricht ihm „beaucoup de religion" zu und hält seinen Rückzug von der Welt für „la plus éclatante action de sa vie", ohne Einschränkungen. Merkwürdig! Merkwürdig!

Der zweite Teil von La Rochefoucaulds Memoiren, in denen das Portrait des Kardinals Retz steht (S. 84) der Pléiade-Ausgabe), wird vom Herausgeber auf 1649 datiert. Retz hat sich in den seinen mit einem Portrait revanchiert, wie man sagen kann, auch wenn er das Portrait seines Feindes gar nicht gekannt haben soll: den Mann kannte er jedenfalls. Dieses Portrait findet sich Seite 157 der Pléiade-Ausgabe von Retzens Werken wiedergegeben.

Ich referiere, was mir das Wesentliche daran scheint. Wie in einer „Retourkutsche" stellt Retz da seinerseits als erstes fest, wie undurchdringlich der Herzog sei: „Il y a toujours eu du je ne sais quoi en tout M. de la Rochefoucauld." Er habe sich in Intrigen gemischt, noch ehe er groß genug war, die Erwachsenen beurteilen zu können. Und niemals habe er eine Angelegenheit erfolgreich zu Ende geführt: „Il n'a jamais été capable d'aucune affaire." An Scharfsicht („pénétration") fehlte es ihm, umso mehr lagen ihm Spekulationen, aber seine Milde oder sein Sanftmut („douceur") – die bewundernswert seien – hätten dem nicht Abhilfe schaffen können. Und die Unentschlossenheit (!), die ihn kennzeichnete, rührte nicht etwa von einer zu fruchtbaren Phantasie („imagination"), im

Gegenteil, sie sei „rien moins que vive" gewesen. Auch das Gegenteil, Einfallslosigkeit („stérilité"), sei an dieser Unentschlossenheit nicht schuld, denn der Herzog habe „un bon fonds de raison". (Mehr allerdings auch nicht.) Ein guter Höfling sei er auch nicht gewesen, so gut seine Absichten waren, das zu sein. Und, wieder ein Paradox: sein Leben lang engagiert (das Wort steht da), sei La Rochefoucauld doch kein „homme de parti" gewesen, also kein Parteigänger irgendeiner Gruppierung. Dann schreibt Retz dem Herzog ein „air de honte et de timidité" zu, für das er sich in Geschäften zu entschuldigen neigte. In seinen *Maximen* vermisst Retz die Tugend, und bei der Ungeduld, etwas anzufangen und sogleich dieses wieder aufzugeben, hätte La Rochefoucauld besser daran getan, sich selbst zu studieren, um das zu werden, was er konnte, nämlich „ der höflichste Höfling seiner Zeit".

Was bleibt? Der Eindruck, La Rochefoucauld habe die Chancen, das zu werden, was er hätte werden können, nicht genutzt. Bleibt festzustellen, dass dieses Portrait ebenso einem Selbstportrait gleicht, wie das bei La Rochefoucaulds Retz-Portrait der Fall war. Zwei Frondeure beschimpfen einander ohne Grund, denn sie ähneln einander.

Da unser Gegenstand aber das politische Portrait ist, muss uns hier der Kardinal Retz weiter interessieren; der Vergleich mit La Rochefoucauls passte in diesen Rahmen nicht hinein, so verlockend es wäre, die beiden Memoiren miteinander zu vergleichen. Immerhin, da für den einen wie für den anderen die Maxime gelten könnte: „handeln, um zu schreiben!", können wir den großen Moralisten im Kopf behalten, wenn wir uns nun, zusammenfassend, noch einmal mit Retz befassen. Ich ziehe dazu den Montagsartikel Sainte-Beuves vom 20. Oktober 1851 (nebst Anmerkungen) heran, der zum Besten gehört, was der große Literaturkritiker geschrieben hat. Und ich erinnere mich dabei an das

Urteil, das Tocqueville über die Französische Revolution gefällt hat: es waren die Literaten, die am Unglück der Nation schuld sind, die Phantasten, denen die Erfahrungen fehlten, die man braucht, um in der Politik erfolgreich zu sein. So hier. Retz ist ein Mann des Wortes, nicht der Tat, der Feder, nicht des Schwertes. Sainte-Beuve macht das wunderbar klar, und ich kann nichts Besseres tun, als ihm selbst dazu das Wort zu geben. Schreibt er doch auf Seite 7 der Wiedergabe in *Les Grands Ecrivains français,* ausgewählt und kommentiert von Maurice Allem (1930, „Mémorialistes-Epistoliers – Romanciers“), man könne Retz beinahe alle seine Intrigen und Ränke verzeihen, „puisqu'il les a écrites“, oder zugespitzter: „quand on lit les Mémoires de Retz, ...il ne nous paraît pas tant faire la guerre à Mazarin que faire concurrence à Molière“ (6). Das bezieht sich auf den Schauspieler oder auch den „Impresario“ (ib.), der Retz in Sainte-Beuves Augen war. Das beste Beispiel dafür gibt Retzens Bericht über die Aktion der Befreiung des Parlamentspräsidenten Broussel, die er, Retz, in die Hand genommen hat. Sainte-Beuve verweist darauf und ich denke, noch etwas Anschauung von diesem großartigen Inszenierer kann nicht schaden, zumal es um einen veritablen Volksaufstand geht, wie wir sie heute kennen.

„Retz est homme d'imagination“, schreibt Sainte-Beuve, „nourri dès l'enfance dans l'idéal des conjurations et des guerres civiles, il (Retz) n'était pas fâché de s'essayer à les réaliser pour avoir ensuite à les raconter comme Salluste, et les écrire“ (237). Und: „Il y a de la littérature dans son fait. Il est homme à entreprendre, non pas pour réussir, mais pour se donner l'émotion et l'orgueil de l'entreprise...“ (ib.). Sowie: „Ces hommes qui ont le génie d'écrivain ont toujours, sans bien s'en rendre compte, une arrière-pensée secrète et une ressource dernière, qui est d'écrire leur histoire et de se dédommager par là de tout ce qu'ils ont perdu du côté du réel“ (238).

Sainte-Beuve empfiehlt, sich daraufhin die Geschichte noch mal anzusehen, die Retz von seiner Aktion der Befreiung des alten Broussel gibt – was wir tun wollen.

Wir müssen dazu zu den Anfängen der Fronde, der sogenannten „Fronde parlementaire", zurückgehen. Denn was in den Blick genommen werden soll, hat sich 1648/49 abgespielt. Am 26. August 1648 wurde in einem feierlichen Te Deum der Sieg von Lens gefeiert. Der dem Heiligen Ludwig gewidmete Festakt endete mit einem Eklat, der mit dem Streit zwischen Königtum und Parlament zu tun hat: Broussel, den Retz „le bonhomme Broussel" nennt und der der Doyen einer Institution war, die sich „la Grand'Chambre" nennt, wird verhaftet. Retz begibt sich zum Palais Royal, um seine Freilassung zu verlangen, die die Königin verweigert. Retz hatte sich zuvor unangenehm bemerkbar gemacht mit einer Rede vor dem versammelten Klerus, in der er die Überlegenheit des geistlichen vor dem weltlichen Standpunkt verfochten und damit in gewisser Weise die Politik Richelieus in Frage gestellt hatte. Während des Festes zu Ehren des Heiligen Ludwig wurden Soldaten längs des Weges vom Palais Royal bis zum Sitz des Parlaments postiert: Paris starrte vor Waffen. Aber das hielt die Pariser nicht davon ab, Barrikaden aufzustellen, die „wie die Pilze aus dem Boden schossen". Man verlangte die Freiheit des „Bonhomme Roussel". Retz machte sich im Bischofsornat auf den Weg nach Saint-Germain, wo Broussel einsaß. Er beschreibt den Tumult auf den Straßen, die er durcheilt, so: „…l'on s'émut, l'on courut, l'on cria, l'on ferma les boutiques." Und er sagt: Auf dem Pont-Neuf sei er in das Gemenge geraten und zu Boden gestürzt. Aber er kam frei mit der Erklärung, er sei auf dem Weg zur Königin und wolle dafür sorgen, dass Recht geschehe. Da steht ein Marschall der Meilleraie neben ihm, der immer im falschen Moment den Mund aufmachen wird. Denn die Situation ist gefährlich: Kinder schmeißen mit Steinen nach den Soldaten, stoßen Flüche aus: Retz schreibt, „dunkle Wolken brauten sich zusammen". Der Marschall sagt, er werde Retz begleiten. So kamen sie ins Palais Royal, wo die Königin war. Neben ihr alle möglichen Notabeln, auch der Kardinal Mazarin. Sie empfing Retz „ni bien ni mal", heißt es (S. 67). Der Kardinal habe ein Geschwätz („un galimatias") von sich gegeben, das nicht zu verstehen war. Retz erklärt, er wolle alles, was in seiner Macht stehe, tun, um Ruhe und Ordnung wiederherzustellen. Der Marschall von Meilleraie pflichtet ihm lautstark bei. Die Königin nicht, scheint aber innerlich vor Zorn zu kochen. Was auf der Straße geschehe, sei eine „Revolte", „l'autorité du Roi y mettra bon ordre" (88). Auch Mazarin spricht sich zu Retzens Gunsten aus. Dann schreibt Retz: „La vérité est que tout ce qui était dans le cabinet jouait la comédie: je faisais l'innocent, et je ne l'étais pas..., le Cardinal faisait l'assuré, et il ne l'était pas si fort qu'il le paraissait; il y eut quelques moments où la Reine contrefit la douce, et elle ne fut jamais plus aigre..." (89). Und so geht es weiter: alle, die da sind, spielen einander etwas vor. Ich unterstreiche das, denn es ist die erste von mehreren Stellen, wo die Vorgänge mit einem Theater verglichen werden. Retz ist Regisseur und Zuschauer zugleich. „Afin qu'il ne manquât aucun personnage au théâtre", heißt es Seite 89, „le maréchal de la Meilleraie qui jusque-là était demeuré très ferme avec moi à représenter la conséquence du tumulte, prit celui du capitan". („Capitan ist der Maulheld der Commedia dell'Arte.) Er ruft, nein, er brüllt, er werde eher untergehen, als die Unverschämtheit des Volkes auf der Straße zu dulden, man solle ihm erlauben durchzugreifen! Die Königin pflichtet dem bei „et tous les courtisans qui étaient dans les antichambres" sekundieren: „qu'on terraisserait la canaille" (90 oben). Retz befürchtet jedoch eine Panik. Ein alter Mann namens Guitaut – es fallen immerzu neue Namen – ruft dazwischen: man solle den alten Schurken

Roussel herausgeben, tot oder lebendig. Retz nimmt ihn beim Wort und sagt: das erstere (tot) wäre weder christlich noch im Sinne der Königin, das zweite könnte allerdings den Tumult abflauen lassen. Also Herausgabe? Auf dem Rückweg, erneut mitten in der Menge, umringt vom Pariser Mob, erklärt Retz, er werde sich bei der Königin dafür einsetzen, dass Broussel frei komme, sobald das Volk sich verteilt und alle nach Hause gegangen seien. (Man kann sich das Gegröhle vorstellen – wie überhaupt die ganze Szenenfolge an heutige Analogien denken lässt.) Mazarin, sagt Retz im Rückblick, habe dieselbe Meinung gehabt: erst Ruhe und Ordnung, dann Freigabe des alten Broussel! Der Marschall begleitet daraufhin Retz wieder auf die Straße, und dieser fühlt sich schon als Retter der Nation: Monsieur, also der Bruder des kleinen Ludwig, ruft ihm zu: „Rendez le repos à l'Etat!", der Marschall zieht ihn am Ärmel, die Soldaten umjubeln ihn, und er, Retz, verteilt gnädigst seinen Segen „avec mon rochet et mon camail, en donnant des bénédictions à droite et à gauche". So drängelt Retz sich durch die Menge, um Gehorsam zu predigen und den Tumult aufzulösen. Und wiederholt seinen Spruch: „la Reine m'avait assuré qu'elle rendrait Broussel, pourvu que l'on fit cesser l'émotion". Aber noch rief das Volk nach Waffen. La Meilleraie zieht die Pistole und erschießt einen der Rebellen; der Sturm tobt weiter. Zwanzig oder dreißig Pariser kommen aus einer Nebenstraße und attackieren die Soldaten mit alten Hellebarden, einer seiner Begleiter, sagt Retz, wird schwer verwundet, der Page, der seine Soutane trägt, ebenfalls – und er, Retz, fällt wieder zu Boden: ein Steinwurf hinter dem Ohr hat ihn verletzt! Ein Apothekerjunge nähert sich ihm mit einer Muskete, die er auf den Daliegenden abschießen will, da hört man Retz dem Buben zurufen: „Ah, malheureux, si ton père te voyait..." Der Bub dachte, der Koadjutor sei ein guter Freund seines Vaters (den Retz gar nicht kannte) und ruft mit einmal laut in die Menge: „Vive le coadjuteur!"

Alle fallen in den Ruf ein, man eilt Retz zu Hilfe – und la Meilleraie zieht sich vom Schlachtfeld zurück.
Wo gibt es in der Literatur der Zeit eine solche Schilderung? Die Lebendigkeit, die Verflechtung des äußeren mit dem inneren Geschehen, all das ist von Meisterhand und unglaublich spannend gemacht. – Aber der Kommentar bleibt zynisch: „Tout le monde me suivit, et j'en eu besoin, car je trouvais cette fourmillière de fripiers toute en armes. Je les flattai, je les caressai, je les injuriai, je les menaçai: enfin je les persuadai. Ils quittèrent les armes, ce qui fut le salut de Paris, parce que, s'ils les eussent eues encore à la main à l'entrée de la nuit, qui s'approchait, la ville eût été infailliblement pillée" (93).- Dreißig- bis vierzigtausend (!) Mann folgten Retz, nun alle ohne Waffen... Da steht mit einmal wieder der Marschall de la Meilleraie da, umarmt Retz voller Begeisterung („presque jusques à m'étouffer", 94 oben) und gratuliert: er sei verrückt gewesen, habe beinahe den Staat ruiniert, „et vous l'avez sauvé". Dann gehen sie zum Palais Royal und sprechen mit der Königin; Meilleraie singt Retzens Loblied und erklärt, Paris sei „soumis et désarmé". Worauf die Königin zornrot und wütend sprach: „Il est bien coupable et peu soumis..." „Wenn Sie Broussel nicht heute freisetzen", fällt der lautstarke Marschall ein, „dann ist morgen in Paris kein Stein mehr auf dem anderen". Retz will noch etwas sagen, aber die Königin lässt es nicht dazu kommen und schließt die Szene mit den Worten: „Allez vous reposer, Monsieur; vous avez bien travaillé." (94 unten)
Retz verlässt daraufhin den Königspalast und teilt der Menge mit, was die Königin versprochen habe. Er zieht sich zurück, um sich zur Ader zu lassen.- Wer denkt, damit sei die Beschreibung dieser „Fronde du Parlement" zu Ende, irrt jedoch. Am nächsten Tag geht es so weiter wie zuvor.

Aber zunächst ist es Abend und man kann gut verstehen, wie der Kardinal nach diesem hektischen Tag sich erschöpft zu Bett legt. Das tut er auch. Aber noch ehe er eingeschlafen ist, kommt ein Freund zu ihm und berichtet, wie es weiter im Palais Royal zuging. Da habe man ihn nur noch für eine lächerliche Figur angesehen, einen, der nicht wusste, was er wollte, der das Volks „sous prétexte de l'apaiser“ aufgewiegelt habe. Der Kardinal habe Mitleid geheuchelt, die Königin sei schier geplatzt vor Lachen („aux éclats de rire“). Da habe ihn nicht wenig erregt, kommentiert kurz angebunden der Memorialist. Dann legt er sich wieder zur Ruhe, aber er tröstet sich, wie er sagt, mit den „süßesten Erinnerungen an Verschwörungen, die er gelesen hat“. Da haben wir den Literaten wieder und den Visionär zugleich, denn es ist nicht nur der Aufrührer Fiesco, an den er sich beim Einschlafen erinnert, er denkt auch – wie er sagt – an Plutarch: „Je me permis à mes sens de se laisser chatouiller par le titre de chef de parti, que j'avais toujours honoré dans les *Vies* de Plutarque“, Seite 98, und: „j'abandonnais mon destin à tous les mouvements de la gloire“ (ib.).

Da haben wir den ganzen Retz, wir sehen des „Pudels Kern“: er ist ein Möchtegern-Rebell, und das womöglich im Dienste einer Sache, die weder die des Königtums noch die des Parlaments noch die des Volkes war. Was die politischen Positionen Retzens anlangt, so sind sie schwerer herauszubekommen, scheint mir, als die politischen Ambitionen. Sainte-Beuve hält Retz für einen ehrlichen Republikaner und meint, ihm wären die weiterführenden Pläne des Omar Talon willkommen gewesen. Nur hätte es zur Durchsetzung dieser Pläne eben eines „chef de parti“ bedurft, der Retz nicht war.

Ich verfolge die Nacherzählung der Trubel in der Stadt nicht weiter, die sich in der Tat – und womöglich noch blutiger – fortsetzten: da entstehen

1200 Barrikaden innerhalb von zwei Stunden, und selbst die Kinder, mit Dolchen in ihren Händchen, schreien „Vive le Roi!“ und „Point de Mazarin!“ (98).
Retz wird noch manchmal in Funktion treten müssen. Das Parlament „geht zwar in Ferien“ und hatte nicht *mehr* versprochen, als dass man über die Vorstellungen Mazarins und der Königin verhandeln wolle. Hauptsache, der alte Broussel, der im Triumph auf den Schultern durch die Straßen getragen wurde, war wieder frei… (Ferienbeginn war der 24. Oktober 1648, S. 119).
Obwohl er sich mit Mazarin versöhnt zu haben schien, wird Retz im Dezember 1652 gefangen genommen und später in ein Gefängnis nach Nantes eingeliefert, wo er entflieht, aber ins Ausland geht und beim Papst vorstellig wird, der sich für ihn einsetzt. Der König erklärt, er werde Retz in Freiheit setzen, wenn er auf den Posten des Erzbischofs von Paris verzichte (Juli 1653), was dieser aber nicht tut. Die Feindschaft zwischen Retz und dem jungen König spitzt sich zu. Retz bittet Christine von Schweden, sich für ihn beim König einzusetzen. Ohne Erfolg. Und wieder muss Retz außer Landes gehen. Am 9.3.1661 stirbt Mazarin. Noch auf seinem Totenbett verlangt er vom König, er solle Retz nie mehr nach Frankreich hineinlassen. Unterdessen wird Retz der Sympathien mit den Jansenisten bezichtigt, Ludwigs „bêtes noires“. Er stellt sich mehrmals beim Papst in Rom vor. Schließlich zieht er sich in eines seiner Besitztümer, Commercy, zurück. Kümmert sich um Schloss und Garten. Mir ist entgangen, wann er doch zum Erzbischof von Paris ernannt worden ist. Jedenfalls demissioniert er auf Drängen von Ludwigs Minister Le Tellier, bekommt aber als Entschädigung die Abtei von Saint-Denis und 60.000 Pfund Einkünfte zugesichert. 1675 erklärt Retz, er werde Benediktiner und zieht sich in die Abtei Saint-Michel zurück. („Les

ennemis de Retz prétendent que c'est encore une comédie", lese ich in der „Chronologie de Retz", der ich diese Angaben entnehme (siehe den Vorspann zur Pléiade-Ausgabe seiner Memoiren, XXXVIII). Am 24. August 1679 stirbt er.

Da habe ich dem Kardinal Retz mehr Seiten gewidmet als ursprünglich vorgesehen. Aber schließlich ist er der einzige, der in diesem Buch als beides figuriert: als Porträtierer und als Porträtierter. Es stellt sich nun die Frage, warum die Fronde sich nicht durchgesetzt hat und wie das Kleeblatt Königin, Mazarin und Ludwig XIV. sich gegen die geballte Macht der Adligen des Reiches hat durchsetzen können.

Am einfachsten dürfte wohl die erste Frage zu beantworten sein: die Anführer der Fronde waren königliche Prinzen. Mögen sie tüchtige Feldherren gewesen sein – charakterlich taugten sie offenbar nicht dazu, den legitimen König auszubooten. Sobald dieser ernsthaft in Erscheinung tritt, haben die Prinzen ihr Spiel verloren. Der kleine König aber, das wird in der Folge erst recht deutlich werden, war ein Genie der Repräsentanz. Wo er auftrat, flogen ihm die Sympathien zu; wo das Volk ihn sah, brach es in den Ruf aus „Vive le Roi"! Der Geist der Monarchie war viel zu lebendig im Lande, als dass eine parlamentarische Form von Regierung Chancen gehabt hätte. Und Mazarin, das wurde schon öfters festgestellt, war schlau, so schlau, dass er sogar aus seinem mittelmäßigen Französisch, dem „galimatias", Nutzen zog und aller Welt etwas vorspielte. Denn letztlich kann er nicht einmal innenpolitisch ungeschickt gewesen sein – dass er es außenpolitisch nicht war, haben wir gesehen. „Oderint dum metuant". Dieser taciteische Spruch dürfte auf ihn passen. Gehasst haben sie ihn alle, ob sie ihn gefürchtet haben, weiß ich nicht. Aber durchgesetzt hat er sich eben...

Retz hingegen, ja, Retz hätte vielleicht das Zeug für einen Minister gehabt, der zwischen dem Parlament, das er schätzte, und dem König, an dem er ja doch festhielt – ein Cromwell war Retz nicht – hätte vermitteln können, wenn, ja wenn dem König nicht daran gelegen wäre, dem Parlament die Flügel zu stutzen. Vielleicht hatte Retz auch nicht die Figur dazu. Sainte-Beuve porträtiert ihn so: „...il y a malheureusement beaucoup de raisons d'induire que chez lui l'aventurier, l'audacieux, le *téméraire,* comme disait Richelieu, faisaient la partie la plus essentielle et le font même de sa nature, et qu'ils eussent de tout temps compromis l'homme d'état dont il n'embrassait l'idée que par l'esprit. Il était de ceux en qui l'humeur domine le caractère ; l'amour de son plaisir, le libertinage, l'intrigue pour l'intrigue, le goût des déguisements et des mascarades, un peu trop de Figaro, si je puis dire, gâtaient le sérieux et rompaient dans la pratique la suite des desseins que son beau et impétueux génie était d'ailleurs si capable de concevoir.“ (8) In den Hauptzügen des Portraits, das La Rochefoucauld von Retz gezeichnet hat, schreibt Sainte-Beuve, muss Retz sich getroffen gefunden haben.
Hinzu kommt, was ich – nach diesem Portrait – vielleicht doch unterschätzt habe: Retz war viel zu freiheitlich gesinnt, um der zum Absolutismus zuzuneigenden Monarchie Geschmack abgewinnen zu können. Ihm schien eine solche Regierungsform die reine Despotie. Nicht umsonst war er ein Leser Sallusts und des Tacitus, dem er den entscheidenden Einfall für die Wahl Mazarins durch Richelieu verdankte: „comparatione deterrima“, durch den Vergleich mit dem Schlechtesten wollte der große Kardinal sich als den Besten hinstellen – wie Augustus das mit Tiberius getan hatte. Was sicher falsch ist, aber für die scharfblickende Skepsis des Tacituslesers spricht. Schließlich musste es auch „Tacitusse“ geben – und dazu taugte Retz entschieden besser als zu einem Minister.

Retz war anfangs ein Catilina, sagt Voltaire, später ein Atticus: also zuerst ein Verschwörer, später der treueste aller Freunde. Als solchen pries Mme de Sévigné ihn nach seinem Tod: „l'homme le plus aimable et du commerce le plus aisé“ sei er gewesen, sagt sie, und er endete „avec douceur et dignité“, nachdem er doch immer nur ein halber Revolutionär gewesen war, einer, der auf halbem Wege vor Machiavelli oder Cromwell inne hielt.

3. LA BRUYÈRE PORTRÄTIERT LUDWIG XIV.

In einer Sammlung literarischer Portraits La Bruyère zu übergehen, das wäre ungefähr so, als ob man eine Geschichte der Komödie ohne Molière schreiben wollte. Jean de la Bruyère kam als Sohn eines höheren Finanzbeamten 1634 zu Paris auf die Welt. Er studierte die Rechte und kaufte sich das Amt eines Schatzmeisters der Steuerverwaltung in Caen, nachdem er ein paar Jahre lang als Anwalt gearbeitet hatte. Doch er kehrte bald aus der Normandie wieder in sein geliebtes Paris zurück, wo er durch Vermittlung des Bischofs Bossuet den Posten eines Erziehers im Hause des Sohnes des „Grand Condé" erhielt, den wieder loszuwerden er nach zwei Jahren heilfroh war, denn der Hausherr muss ein Scheusal gewesen sein, von dem Antoine Adam sagt, dass er, von seinen Dienstboten gehasst, unfähig zu Freundschaft oder Dankbarkeit war und von Zeit zu Zeit in unberechenbare Zornausbrüche verfiel. Der Schüler, also der Enkel des berühmten Feldherrn aus königlichem Geblüt, soll nicht ganz unbegabt gewesen sein. Aber er war „pervers et féroce", schreibt Adam, und von unbeschreiblicher Hässlichkeit. Da La Bruyère selbst auch hässlich war (er hatte einen Wasserkopf), kann man sich die Atmosphäre vorstellen, in der der Hauslehrer, der sein Geschäft mit zwei Jesuiten teilen musste, es zwei Jahre auszuhalten hatte. Im Juli 1685 wurde der hochadlige Sprössling verheiratet und La Bruyères Funktion hätte ein Ende genommen, wenn nicht der „Große Condé" darauf bestanden hätte, dass er sich noch weiter um die Bildung des unleidlichen Jünglings zu kümmern hätte. Erst Anfang 1687 war La Bruyère frei, ein Leben nach seinem Geschmack als Privatgelehrter zu führen. Gestützt auf angesehene Protektoren, vor allem immer noch auf Bossuet, wurde La Bruyère im dritten Anlauf Mitglied der Académie française. Mit seinem „Discours de Réception" verärgerte der offenbar schlechtgelaunte Jung-Académicien allerdings die Herren von der Akademie, die er hätte loben sollen. Wieder mussten Beschützer ran, um ihrem Günstling aus der Patsche zu helfen. Der Herzog von Luxemburg und Mme de Maintenon (schreibt Adam) verwendeten sich diesmal für ihn, und der König selbst sprach ein Machtwort zu seinen Gunsten. Gesagt werden müsste, dass unser Jurist und Privatgelehrter ausgesprochen konservative Ansichten vertrat. Der sogenannte „Quietismus" des Bischofs Fénelon, der damals die Gemüter bewegt, schien ihm eine moderne Ketzerei zu sein. Er plante dagegen in sieben Dialogen anzugehen, von denen er fünf fertigstellte, denn am 11. Mai 1696 erlag er einem Schlaganfall.

La Bruyères Hauptwerk, die *Caractères ou les Mœurs de ce siècle*, erschienen erstmals 1688. Es war eine Sammlung von Aphorismen in der Art La Rochefoucaulds und fand so viel Anklang, dass noch im selben Jahr zwei weitere Ausgaben erschienen, alle geziert mit einer Übersetzung der „Charaktere" des Griechen Theophrast. Diese Übersetzung gab La Bruyère ungefähr die humanistische Legitimation, die die Fabeln von Äsop und Phädrus La Fontaine gegeben hatten: man schloss sich an einen antiken Autor an, den man zu modernisieren vorgab. In Wirklichkeit war La Bruyère zwar konservativ eingestellt, aber seine „Caractères" waren modern: es waren Typen der Gesellschaft seiner Zeit, die der Autor porträtierte, wobei es nicht ausblieb, dass die Zeitgenossen den erfundenen Namen „Ménalque", „Phidippe" oder „Gnathon" die Namen lebender Personen unterlegten. „Schlüssel" wurden verfasst und trugen zur Beliebtheit der Portraits La Bruyères bei (die kleine Skandälchen waren). Bei der jeweils nächsten Auflage – denn eine folgte der anderen und 1689 war schon die neunte erschienen – erkannten die Leser dann den Porträtierten nicht mehr, denn La Bruyère hatte seinen Text um weitere

Züge bereichert, was allein schon beweist, dass er keine Konterfeis berühmter Leute zu liefern vorgehabt hatte, sondern eben typische Charaktere, das heißt Menschen, die sich durch Eigenschaften wie Geiz oder Zerstreutheit auszeichneten, wie man das auch von den Portraits in Molières *Tartuffe* oder *Misanthrope* kannte. So viel über den Autor und sein Werk wollte ich vorausschicken, um zu der Person überzugehen, deren Portrait ich ausgewählt habe: es ist Ludwig XIV., der König. Ich folge hier wieder dem ausgezeichneten Buch von Olivier Bernier, gehe aber mit meinen Hinweisen nicht über das Jahr 1685 hinaus, denn das Portrait, das ich wiedergebe, Nummer 35, erschien in der ersten Ausgabe der „Caractères" von 1688. Ein paar Jahre zur Ausarbeitung und Fertigstellung müssen wir dem Autor schon zugestehen. Er stellt also den König dar, wie er nach den ersten 20 Jahren seiner Regierung zu beurteilen war, nicht den alternden, kränkelnden, sich in Liebschaften und kriegerischen Unternehmungen verausgabenden Louis Quatorze. Es ist der König von höchstens 45 Jahren, den wir da vor uns haben und das erklärt dessen ideale Züge.

Bernier unterlässt nicht, auf die schwierigen Umstände hinzuweisen, in die der kleine Prinz hineinwuchs. Der Vater, Ludwig XIII., starb 1643; so war es die Mutter, Anna von Österreich, die sich um ihn zu kümmern hatte, und mit ihr zugleich ihr Freund, Vertrauter und Ratgeber Mazarin. Dass in den wilden Jahren der Fronde weder die Mutter noch der mit Schmähungen überhäufte Mazarin viel Zeit hatten, sich um das Kind zu kümmern, kann man sich denken. Er bekam zunächst zwei Gouvernanten zugeteilt, von denen die eine offenbar die richtige war: sie las dem Kind Märchen vor und spielte mit ihm; die andere hingegen suchte nur auf dem Umweg als Kindererzieherin bei Hof Karriere machen zu können. Mit sieben Jahren – so war es üblich – wurden die Gouvernanten dann durch männliche

Erzieher ersetzt. Ludwig bekam zusammen mit seinem Bruder Philippe (genannt Monsieur) einen alten Haudegen und zwei jesuitische Betbrüder vorgesetzt: der eine erzählte ihm von den Schlachten, die er durchgemacht und von denen er seine Wunden bezogen hatte, die anderen lasen dem Kleinen die Bibel oder erbauliche Bücher vor. Dass der Heranwachsende dennoch einiges, wenn auch nicht sehr viel, lernte und dass er, dies vor allem, sich bald klar wurde, was es bedeutete, einmal König zu sein, ist ein Wunder. Körperlich gedieh das Kind ganz gut, es lernte reiten und tanzen und überstand die entsetzlichen Kuren, denen damals Heranwachsende unterzogen wurden, gut, zu denen einmal pro Monat ein Einlauf gehörte, der bis zu zehn Entleerungen zur Folge hatte, und zweimal im Jahr ein Aderlass, getreu den medizinischen Prinzipien, die der zum Doktor promovierte Monsieur Jourdain auswendig lernen musste: „seignare, seignare, clisterium donare“.

Bernier erwähnt auch die Schmeicheleien der Diener und Zofen, die sich natürlich bei dem künftigen König rechtzeitig beliebt machen wollten, was aber der kleine Ludwig offenbar sehr bald durchschaute. Er lernte aus den Erfahrungen, die er machen musste, „dass er sich auf niemanden verlassen konnte, dass jedermann darauf aus war, seine Macht zu schwächen und seinem Reich zu schaden“ (38).Das letztere bezieht sich auf die Tatsache, dass sich unter den Leuten, die sich um den Heranwachsenden kümmerten, mehr Gegner des Kardinals Mazarin befanden als Freunde. Auch die Königin, die zu diesem Fremdling hielt, war bei vielen „Patrioten“ verhasst. Das kam als ein besonderes Erschwernis hinzu… Andererseits muss sich sehr früh bei dem Heranwachsenden ein Gefühl der Zusammengehörigkeit entwickelt haben. Zur Mutter, die klug, mutig und, wenn es sein musste, auch listig sein konnte, war das Verhältnis ausgezeichnet, der kleine Bruder Philippe störte nicht (er scheint sich sehr bald an die zweite Rolle gewöhnt zu haben, die er zu spielen hatte), und Mazarin war wie ein Vater zu dem kleinen Ludwig. Bernier weist energisch die Gerüchte zurück, die darauf hinausliefen, Mazarin habe den künftigen König dumm und ungebildet halten wollen, damit er wie Wachs in seinen Händen war. Es ist, wenn wir Bernier glauben dürfen, schier nicht zu fassen, wie früh Ludwig von seiner Sendung als künftiger Monarch erfüllt gewesen sein muss.

Mit 13 Jahren wurde Ludwig für volljährig erklärt: gesalbt in der Kathedrale zu Reims. Da wusste alle Welt, wer der künftige Herrscher sein werde – und Ludwig wusste es auch. Nach einem letzten erzwungenen Ausweichmanöver nach Sedan kehrten die Königin und der junge König am 20. Oktober 1653 nach Paris zurück und bleiben dort. Die Fronde war zu Ende. Sie war an den Streitereien der Frondeure gescheitert, aber das Verhalten des jungen Königs scheint entscheidend dazu beigetragen zu haben, dass nun klar war, wer das Sagen im Reich haben würde, nämlich Mazarin, und, immer am gleichen Strick ziehend, Louis Quatorze. Als er in das entsprechende Alter kam, verliebte Ludwig sich in eine der Nichten des Kardinals. Einen Augenblick sah es so aus, als käme eine Heirat in Frage. Aber Mazarin wusste, was die Staatsräson verlangt, und auch Ludwig sah es ein. Ihm war eine Tochter des spanischen Königs zugedacht – und im pyrenäischen Frieden, den Mazarin auszuhandeln hatte, war das beschlossene Sache. Ludwig war inzwischen 20 geworden und die spanische Prinzessin gefiel ihm. Immerhin: es war nicht einfach gewesen, sich die geliebte Marie aus dem Herzen zu reißen und die politische Ehe einzugehen, „doch den Gedanken an Ehre, Reputation und Ruhm“, schreibt Bernier, „die Mazarin beschworen hatte, kamen noch größeres Gewicht zu als seiner Liebe. Schon damals war Ludwig XIV. in erster Linie König und erst in zweiter Mann: er wusste, was seine Pflicht war.“ (71)

1661 war es dann so weit: Ludwig nahm die Zügel der Regierung in die Hand. Bernier beschreibt Schritt für Schritt, wie Ludwig das Notwendige erledigte: wie er die Finanzen in Ordnung brachte, die Fouquet absichtlich in Unordnung gelassen hatte, damit keiner außer ihm sich darin auskannte. Das war einer der Gründe, die den König veranlassten, diesen Vertreter des Hochadels zu beseitigen. Dabei entwickelte er eine Taktik der Verstellung, die keiner ihm zugetraut hätte. Ich erzähle andernorts, wie Ludwig zu dem pompösen Fest erschien, das Fouquet feierte, und ihn tags drauf verhaften ließ. Und dann mussten sich die Hofschranzen an einen ganz anderen, einen herrischen Ton gewöhnen, der keinen Widerspruch duldete. Da er nicht alle Geschäfte selbst besorgen konnte, berief der König drei Männer seiner Wahl zu seinen Mitarbeitern: Le Tellier, Lionne und Colbert. Le Tellier war verantwortlich für Kriegs- und Marineangelegenheiten, Lionne hatte sich um die Außenpolitik zu kümmern, und Colbert war zugleich Innen- und Wirtschaftsminister. Ein strikt eingehaltener Tagesplan wurde ausgearbeitet, zweimal wöchentliche Versammlungen aller Beteiligten wurden anberaumt, kurz, Ludwig sorgte für Ordnung und kümmerte sich höchstpersönlich um alles. Widersprüche wurden nicht geduldet und auch das einst so aufmüpfige Parlement de Paris musste sich fügen. Die Einmischung der Verwandten wurde zurückgewiesen (große Enttäuschung!) und die wieder eingerissene Unsitte des Duells wurde unterbunden, so wie das unter Richelieu der Fall gewesen war. Bernier widerspricht darüber hinaus zwei Legenden: der der Verschwendung und der der Mätressenwirtschaft. In den ersten beiden Jahrzehnten hielten sich die Ausgaben Ludwigs in Grenzen: die Bilanz war ausgeglichen. „Schon 1664 waren die Finanzen Frankreichs die gesündesten in ganz Europa“, schreibt er (104). „Der König allein verfügte über alle Vergünstigungen, Pensionen, Titel, Ämter, Beförderungen…“ (105). Und was die Mätressen angeht, so beginnt deren Ära erst später. Einstweilen hielt der König zu seiner ihm ehelich angetrauten Frau, die leider fast nur spanisch sprach, was Ludwig vergeblich zu lernen versuchte. Und als dann ein Sohn geboren wurde, schien die Erbfolge gesichert. Es sah rosig aus in Frankreich. Und das blieb so, bis mit der Hugenottenvertreibung 1685 der erste Stoß erfolgte, der das Gebälk erzittern ließ. Später werden die Kriege das Ihrige tun, das Land verarmen zu lassen, und der Versailler Bau verschlang mehr Millionen, als gut war. Ob die Förderung der Künste auch über das Maß des Verkraftbaren hinausging, kann ich nicht sagen.

Und dies ist das das Herrscherportrait, das La Bruyère gezeichnet hat:

> Que de dons du ciel ne faut-il pas pour bien régner ! Une naissance auguste, un air d'empire et d'autorité, un visage qui remplisse la curiosité des peuples empressés de voir le prince, et qui conserve le respect dans le courtisan ; une parfaite égalité d'humeur ; un grand éloignement pour la raillerie piquante, ou assez de raison pour ne se la permettre point ; ne faire jamais ni menaces ni reproches ; ne point céder à la colère, et être toujours obéi ; l'esprit facile, insinuant ; le cœur ouvert, sincère, et dont on croit voir le fond, et ainsi très propre à se faire des amis, des créatures et des alliés ; être secret toutefois, profond et impénétrable dans ses motifs et dans ses projets ; du sérieux et de la gravité dans le public ; de la brièveté, jointe à beaucoup de justesse et de dignité, soit dans les réponses aux ambassadeurs des princes, soit dans les conseils ; une manière de faire des grâces qui est comme un second bienfait ; le choix des personnes que l'on gratifie ; le discernement des esprits, des talent, et des complexions pour la distribution des postes et des emplois ; le choix des généraux et des ministres ; un jugement ferme, solide, décisif dans les affaires, qui fait que l'on connaît le meilleur parti et le plus juste ; un esprit de droiture et d'équité qui fait qu'on le suit jusques à prononcer quelquefois contre soi-même en faveur du peuple, des alliés, des ennemis ; une mémoire heureuse et très présente, qui rappelle les besoins des sujets, leurs visages, leurs noms, leurs requêtes ; une vaste capacité, qui s'étende non seulement aux affaires de dehors, au commerce, aux maximes

d'État, aux vues de la politique, au reculement des frontières par la conquête de nouvelles provinces, et à leur sûreté par un grand nombre de forteresses inaccessibles ; mais qui sache aussi se renfermer au-dedans, et comme dans les détails de tout un royaume ; qui en bannisse un culte faux, suspect et ennemi de la souveraineté, s'il s'y rencontre ; qui abolisse des usages cruels et impies, s'ils y règnent ; qui réforme les lois et les coutumes, si elles étaient remplies d'abus ; qui donne aux villes plus de sûreté et plus de commodités par le renouvellement d'une exacte police, plus d'éclat et plus de majesté par les édifices somptueux ; punir sévèrement les vices scandaleux ; donner par son autorité et par son exemple du crédit à la piété et à la vertu ; protéger l'Église, ses ministres, ses droits, ses libertés, ménager ses peuples comme ses enfants ; être toujours occupé de la pensée de les soulager, de rendre les subsides légers, et tels qu'ils se lèvent sur les provinces sans les appauvrir ; de grands talents pour la guerre ; être vigilant, appliqué, laborieux ; avoir des armées nombreuses, les commander en personne ; être froid dans le péril, ne ménager sa vie que pour le bien de son État ; aimer le bien de son État et sa gloire plus que sa vie ; une puissance très absolue, qui ne laisse point d'occasion aux brigues, à l'intrigue et à la cabale ; qui ôte cette distance infinie qui est quelquefois entre les grands et les petits, qui les rapproche, et sous laquelle tous plient également ; une étendue de connaissance qui fait que le prince voit tout par ses yeux, qu'il agit immédiatement et par lui-même, que ses généraux ne sont, quoique éloignés de lui, que ses lieutenants, et les ministres que ses ministres ; une profonde sagesse, qui sait déclarer la guerre, qui sait vaincre et user de la victoire ; qui sait faire la paix, qui sait la rompre ; qui sait quelquefois, et selon les divers intérêts, contraindre les ennemis à la recevoir ; qui donne des règles à une vaste ambition, et sait jusques où l'on doit conquérir ; au milieu d'ennemis couverts ou déclarés, se procurer le loisir des jeux, des fêtes, des spectacles ; cultiver les arts et les sciences ; former et exécuter des projets d'édifices surprenants ; un génie enfin supérieur et puissant, qui se fait aimer et révérer des siens, craindre des étrangers ; qui fait d'une cour, et même de tout un royaume, comme une seule famille, unie parfaitement sous un même chef, dont l'union et la bonne intelligence est redoutable au reste du monde : ces admirables vertus me semblent renfermées dans l'idée du souverain ; il est vrai qu'il est rare de les voir réunies dans un

> même sujet : il faut que trop de choses concourent à la fois, l'esprit, le cœur, les dehors, le tempérament ; et il me paraît qu'un monarque qui les rassemble toutes en sa personne est bien digne du nom de Grand.

Nach dem, was ich nach der Darstellung Berniers referiert habe, kann man nur sagen: La Bruyère gibt eher ein Résumé der Regierung des neuen Königs als eine kritische Aufzählung. Ich notiere stichwortartig: die hohe Geburt – wir wissen, dass sie Mazarin (angeblich) fehlte – ist gegeben; das herrschaftliche Auftreten ebenfalls; auch die Selbstbeherrschung Ludwigs war hervorzuheben, freilich, Heiterkeit war nicht seine Sache (aber was wissen wir, wie er sich im Familienkreise gab?); keine Zornwütigkeit! Undurchdringlichkeit in seinen Plänen, Würde im Auftreten; auch wie Ludwig seine Gratifikationen vergab, wissen wir nicht, aber dass er die Personen sorgfältig auswählte, die solche bekommen sollten, ist sicher; ein gutes Gedächtnis (Ludwig vergaß nichts); dazu die Absicht, das Reich zu vergrößern und es mit Festungen zu umgeben, dass Ludwig das tat, kann jeder Tourist noch heute feststellen. „Une puissance très absolue“: wenn das nicht auf Ludwig XIV. zutrifft, auf wen denn dann? Krieg führen, aber zugleich Feste feiern, „cultiver les arts et les lettres“, prunkvolle Bauten, ach und sich von seinen Untertanen lieben, von den Feinden hassen lasse – so schwer das alles unter einen Hut zu bringen sein mochte, Ludwig hat versucht, es zu tun, und sein Porträtist registriert es mit Bewunderung.

Vor allem stellt dieses Portrait eher eine Beschreibung dessen dar, wie der Fürst sein und herrschen soll: La Bruyère verleugnet den Erzieher nicht, der er ja auch war. Er tut für Ludwig XIV., was er für den kleinen Condé hätte tun sollen.

4. VOLTAIRE PORTRÄTIERT LUDWIG XIV.

Heinz-Otto Sieburg wird Recht haben, wenn er in seiner *Geschichte Frankreichs* schreibt, das französische Volk begreife nicht etwa das Zeitalter Napoleons, sondern dasjenige Ludwigs des Vierzehnten „als den Höhepunkt der eigenen Geschichte und die Vollendung der *civilisation française*" (1975, 149). Wenn es eine Ära gab, in der „le génie de la France" sich am ehesten verwirklichte, so war es „le siècle de Louis quatorze", wie Voltaire in großzügiger Weise das 17. Jahrhundert nannte. Er ist denn auch mit seinem so betitelten Geschichtswerk der Hauptverantwortliche für dieses Geschichtsbild, von dem ich nicht sagen kann, wie viel von seinem Glanz es in jüngerer oder jüngster Zeit verloren haben mag. Die neuere, ins Alltagsleben vorstoßende Geschichtsschreibung der Franzosen hat jedenfalls nicht unterlassen, auf die Schäden hinzuweisen, die das lange Regime des „Sonnenkönigs", dessen Königtum offiziell mit der Großjährigkeit (und der Salbung des Heranwachsenden) 1651 begann und bis zu seinem Tode 1715 dauerte, dem Land zugefügt hat. Mit seiner prunkvollen, von allen Kleinfürsten Europas bewunderten Hofhaltung in Versailles und seinen Raubkriegen hat er das Land ausgepowert, er hat die Einrichtung eines Kolonialreiches, mit der sein Minister Colbert begonnen hatte, verscherzt, und, dies vor allem, Handel und Wirtschaft durch die Verfolgung und Vertreibung von zwei- bis dreihunderttausend Hugenotten nachhaltig geschädigt. Hungersnöte plagten die Ärmsten der Armen, die rücksichtslos von Steuereinnehmern gerupft wurden, Seuchen verbreiteten sich, so dass die Bevölkerung im Laufe der Regierung Ludwigs um nahezu zwei Millionen zurückging. Doch nein, die Entwicklung einer eleganten Haltung der Höflinge in Versailles, deren Ohnmacht Ludwig mit einer Etikette zu kompensieren trachtete, die die höchsten Adligen es sich zur Ehre gereichen ließ, dem König zum Lever den Nachttopf zu leeren oder das Hemd zu wechseln, und die Förderung der Künste auf allen Gebieten, vor allem dem des Theaters, machten das wett, so dass Voltaire nur sanktionierte, was die ganze Welt so sah: dies war die glanzvollste Zeit, die Frankreich erlebt hat.

Voltaire machte sich um 1732, also noch vor dem Erscheinen seiner *Lettres philosophiques*, daran, die Ära Ludwigs XIV. in einem Geschichtswerk zu preisen, das dem Verfasser auch als Historiographen das Ansehen verschaffen sollte, das er sich als Epiker und Dramatiker bereits erworben hatte. Erschienen ist das Werk, *Le Siècle de Louis XIV.* betitelt, erstmals 1752 in Berlin, in erweiterter Form 1756, 1763 und 1768. Man kann es ungefähr in der Mitte zwischen der *Geschichte Karls XII. von Schweden*, Voltaires erstem historiographischem Versuch, und dem *Essai sur les mœurs,* seinem historischen Meisterwerk von 1741 ff. situieren, denn es enthält noch viele personen- und militärgeschichtliche Informationen, bezieht aber doch auch (wie das spätere Werk) schon die sittengeschichtlichen, kultur- und geistesgeschichtlichen Aspekte mit in die Betrachtung ein. Im Zentrum steht, wie der Titel besagt, die Figur des Königs, von dem der Autor weiß, dass er bereits 1680 den Titel „der Große“ zugesprochen bekommen hatte – was er grundsätzlich gutheißt –, den der Usus jedoch „den Vierzehnten“ genannt hat: dabei sollte es, nach Voltaire, auch bleiben. Für uns stellt sich die Frage, wie der Verfasser an dem tradierten, alles-überstrahlenden Bild des „Sonnenkönigs“ festhalten konnte, wo er doch die Vertreibung der Hugenotten als einen Akt der Intoleranz missbilligen musste, das heißt, wie er die klassizistische Panegyrik mit der aufklärerischen Kritik verbinden konnte. Denn nur wenn ihm das gelang, konnte Voltaire zugleich sich selbst treu bleiben und der

Nation das Ruhmesblatt seiner Geschichte schreiben, das er schreiben wollte und de facto auch geschrieben hat. Dieser Frage soll diese Studie gelten.

Zunächst: das Lob des Fürsten und seiner Ära! Dazu müsste gesagt werden, dass das *Siècle de Louis XIV.* insgesamt schon so angelegt war, dass es nur auf ein solches Lob hinauslaufen konnte: alles, was zuvor geschah, wird als ein allmählicher Anstieg auf die unter Ludwig XIV. endlich erreichte Höhe dargestellt, und wenn der Blick des Betrachters über Frankreich hinausgeht, dient er ebenfalls der Kontrastierung von Licht hier und Schatten dort. Auf die keineswegs knappen Ausführungen zu Ludwigs XIV. Feldzügen gehe ich hier jedoch nicht weiter ein. Uns interessiert mehr, wie der König selbst porträtiert wird. Zum ersten Mal anschaulich tritt uns der Monarch in Kapitel XXV entgegen, das „Particularités et Anecdotes" betitelt ist. Voltaire betont darin insbesondere den „éclat" und die „magnificence", also das glanzvolle Licht, in das der König all seine Handlungen zu stellen wusste, so dass er ins Zentrum des europäischen Interesses ebenso wie in dasjenige der Nachwelt rückte. Und diese Kunst der Inszenierung wird nicht etwa kritisiert, im Gegenteil, das Auftreten schon des jugendlichen Herrschers findet Voltaires ganze Bewunderung: „Sa taille majestueuse, la noblesse de ses traits, le ton et l'air de maître dont il parla..." das habe Ludwig mehr Ansehen verschafft als der hohe Rang, den er einnahm. Hier wird die panegyrische, enkomiastische Tendenz besonders deutlich, die von Übelwollenden freilich auch als eine leise Kritik an Ludwigs Nachfolger aufgefasst werden konnte. (Aber laut werden konnten solche Vermutungen natürlich nicht, denn Voltaires Darstellung entsprach durchaus der offiziellen Linie, die vom vierzehnten über den fünfzehnten zum sechzehnten Ludwig weiterführt.)

Folgen Ausführungen zur Bildung des Königs, der gerne las, aber – in Voltaires Augen zu geringe Geschichtskenntnisse und zu wenig naturwissenschaftliche Bildung besaß: da fehlte eben ein Mann wie Voltaire! Immerhin, einer Mätresse zuliebe lernte der König Italienisch, seiner Frau zuliebe bemühte er sich um das Spanische. Die zeremoniellen Manieren des spanischen Hofstils habe der König jedoch zu französischer Galanterie und Anmut herabgemildert. Auch dass er gern tanzte, vermerkt der Historiograph eher bewundernd – im Übrigen habe der König seine Zeit angemessen „in die Vergnügungen, die zu seinem Alter passten" und die „Geschäfte, die zu seinen Pflichten gehörten" eingeteilt. Das liest sich alles fast wie in einem Fürstenspiegel. (1745 wurde Voltaire denn auch zum königlichen Hofhistoriographen ernannt.)

Als der verschwendungssüchtige Oberfinanzverwalter Fouquet 1661 den König zum prunkvollsten aller Feste einlud, ist Ludwig bekanntlich auch dort erschienen – aber anschließend ließ er den Minister verhaften, der meinte, an Aufwand mit dem König wetteifern zu können. Voltaire erklärt zwar – im Gegensatz zu der tradierten Meinung der Staatsräsonlehre – Verstellung sei keine Tugend, aber in diesem Falle rechtfertigt er die „dissimulation" des Königs doch, denn Fouquet sei nicht nur ein Verschwender, sondern auch ein Verschwörer gewesen. Freilich, letztlich war an der Verhaftung und Vernichtung des adelsstolzen Mannes sein Rivale, der aus dem Bürgertum stammende Minister Colbert schuld. Zum ersten Mal begegnen wir hier der Tendenz des Geschichtsschreibers, den Berater schlecht zu machen, um den König weiß zu waschen.

Bleibt so die Größe des Königs intakt, dessen Leutseligkeit Voltaire ebenso wenig zu loben müde wird, wie seine herrscherliche Würde und politische Entschiedenheit, so fällt von da eben auch das hellste Licht auf seinen Hof und die Höflinge als das Publikum für die vom König geforderten Künste und Wissenschaften. Voltaire scheut sich da nicht, das „Jahrhundert Ludwigs XIV." „le siècle le plus éclairé qui fut jamais" zu nennen, wobei die Lieblingsvokabel des Aufklärers keineswegs zufällig benutzt wird. Denn nie, sagt Voltaire, sei (ganz abgesehen von dem gepflegten Umgangston, der „politesse" der Ära) „la saine philosophie" so weit vorangetrieben worden: ihretwegen verdiene die Ära als „marque éternelle à la véritable gloire de notre patrie" angesehen zu werden. Es ist, wie erinnerlich, die vierte und höchste kulturelle Blütezeit nach dem Zeitalter des Perikles, dem des Augustus und dem der italienischen Renaissance.

So viel in Erinnerung zu rufen schien erforderlich, um die bis heute nachwirkende Prägung französischen Geschichtsbewusstseins durch Voltaires *Siècle de Louis XIV.* zu belegen. Wie aber vereinte der Autor sein Fürsten- und Epochenlob mit der Tatsache der Hugenottenvertreibung, die ihn doch empören musste und tatsächlich auch empört hat (wie wir wissen)? Sie einfach mit Schweigen zu übergehen oder als Nebensächlichkeit hinzustellen, ging für den Verfechter des Toleranzgedankens schlechterdings nicht an. Tatsächlich hat Voltaire dem Geschehen größte Aufmerksamkeit gewidmet. Will man mehr wissen über die sich anbahnende Verfolgung, die Steigerung des Pogroms und die brutale Vertreibung der französischen Protestanten, so braucht man nur die diesbezüglichen Seiten im *Siècle de Louis XIV* zu lesen. Voltaire erinnert zunächst daran, dass Kardinal Mazarin die Andersgläubigen gemäß dem Edikt, das Heinrich IV. 1598 erlassen hatte und das den Hugenotten die Ausübung ihrer Religion gestattete, auch wenn sie als Staatsbürger nicht in jeder Hinsicht den Katholischen gleichgestellt waren, weitgehend unbehelligt ließ und dass Colbert, ökonomisch orientiert, wie er war, diese sogar in den Manufakturen, in der Marine und anderswo beschäftigte. Doch dann geht die Macht faktisch an Ludwigs XIV. jesuitische Beichtväter, Le

Tellier und Louvois, über und diese bedrängen den König (um seines Seelenheils willen), die „Reformierten" zu unterdrücken: die Verfolgungen setzen ein und steigern sich alsbald. Zuerst wird den Hugenotten untersagt, Katholikinnen zu heiraten – was Voltaire für unklug hielt, denn manch ein Hugenotte wäre ja einer hübschen Katholikin zuliebe vielleicht katholisch geworden. 1681 verbot der König den Hugenotten, Steuereinnehmer zu werden: damit entfiel ein lukratives Geschäft für die finanzkräftigen Andersgläubigen. Handwerk und Zünfte wurden angewiesen, keine Hugenotten mehr aufzunehmen. Zugleich wird belohnt, wer konvertiert: es ist eine Politik von „Peitsche und Zuckerbrot". Hugenottenkinder werden entführt und in katholische Schulen geschickt. Da setzt um 1681 der Exodus ein, zumal kein Hugenotte mehr Anwalt, Notar oder Bürgermeister mehr werden durfte und die Geistlichen natürlich besonders bedrängt wurden. 1682 flammt der Bürgerkrieg auf. In der Dauphiné und im Vivarais, wohin die Hugenotten sich geflüchtet hatten, wird Militär eingesetzt. Blut fließt, die sogenannten „Dragonnaden" beginnen und das fördert das Märtyrertum, zu dem die Hugenotten als brave Staatsbürger gar nicht neigten, wie Voltaire immer wieder betont. 1684/85 werden die Grenzen geschlossen: kein Hugenotte soll das Land mehr verlassen, so dass der weitere Exodus sich heimlich und unter Gefahr für Leib und Leben vollziehen musste. Der Erlass von 1685, mit dem das Edikt von 1598 zurückgenommen wurde, krönte also nur eine Entwicklung, die schon Jahre zuvor eingesetzt hatte. Nun wird auf dem platten Land gemordet, gefoltert, denunziert und Menschenjagd betrieben. Welch ein grausamer Kontrast, ruft Voltaire aus: „C'était un étrange contraste que, du sein d'une cour voluptueuse, où régnaient la douceur des mœurs, les grâces, les charmes de la société, il partit des ordres si durs!"

Es kann also keine Rede davon sein, dass der Aufklärer die Augen vor dem schrecklichen Phänomen verschlossen hätte, im Gegenteil, er schätzt die Zahl der Vertriebenen schließlich auf ca. 500 000 ein – mehr als geschichtlich belegt ist. Und wozu das alles? Und zu welchem Zweck? Fragt sich Voltaire, wo doch erwiesen war, dass der König in den Hugenotten ebenso treue Untertanen besaß wie in den Katholiken. Nun aber machten sie in Deutschland, Holland, England, Dänemark das Land urbar und gründeten Industrien oder wurden Soldaten, die Frankreichs Feinden dienten. Ja, bis nach Südafrika wurden die Hugenotten vertrieben, „dispersés plus loin que les juifs"!
(Anmerkung: Diese Seiten übernahm ich aus meinem Buch *Über Voltaire*, 1998, S. 148-151.)

Ich gebe als ersten Text den Bericht über die letzte Krankheit und den Tod Ludwigs XIV. wieder, an den sich ein Nachruf auf den König anschließt, in dem Voltaire ein erstes Fazit zu ziehen versucht. Er unterschlägt dabei nicht die Erleichterung, die viele im Volk empfanden, als dieser im Alter immer unzugänglicher, steifer und förmlicher gewordene König nun endlich von der Bildfläche verschwand. Aber dann versucht Voltaire, die Negativa gegen die Positiva abzuwägen und endet versöhnlich. Neben der Großmannssucht des Königs verzeichnet er die Liebenswürdigkeit des Ehemannes, seine väterliche Sorge um die zahllosen Nachkömmlinge und sein stets dezentes Auftreten, das manches aufwiegt. Auch stellt Voltaire dem von seinen Amtspflichten, dem Zeremoniell, den Jagden und den Kriegen mehr als reichlich in Anspruch genommenen Herrscher ein gutes Zeugnis aus, was seine Intelligenz und seine Bildung anlangt. Und schließlich war die Galanterie ja auch ein lobenswerter Zug, insofern sie mit Aufmerksamkeit und Feinfühligkeit verbunden war. Wer den König persönlich gekannt hatte, bewahrte ihm ein gutes Andenken. Hier der Text aus dem *Siècle de Louis XIV*.

> Louis XIV fut attaqué, vers le milieu du mois d'auguste 1715, au retour de Marly, de la maladie qui termina ses jours. Ses jambes s'enflèrent, la gangrène commença à se manifester. Le comte de Stair, ambassadeur d'Angleterre, paria, selon le génie de sa nation, que le roi ne passerait pas le mois de septembre. Le duc d'Orléans, qui au voyage de Marly avait été absolument seul, eut alors toute la cour auprès de sa personne. Un empirique, dans les derniers jours de la maladie du roi, lui donna un élixir qui ranima ses forces. Il mangea, et l'empirique assura qu'il guérirait. La foule qui entourait le duc d'Orléans diminua dans le moment. « Si le roi mange une seconde fois, dit le duc d'Orléans, nous n'aurons plus personne. » Mais la maladie était mortelle. Les mesures étaient prises pour donner la régence absolue au duc d'Orléans. Le roi ne la lui avait laissé que très-limitée par son testament déposé au parlement, ou plutôt il ne l'avait établi que chef d'un conseil de régence, dans lequel il n'aurait eu que la voix prépondérante. Cependant il lui dit : « Je vous ai conservé tous les droits que vous donne votre naissance. » C'est qu'il ne croyait pas qu'il y eût de loi fondamentale qui donnât dans une minorité un pouvoir sans bornes à l'héritier présomptif du royaume. Cette autorité suprême, dont on peut abuser, est dangereuse ; mais l'autorité partagée l'est encore davantage. Il crut qu'ayant été si bien obéi, pendant sa vie, il le serait après sa mort, et ne se souvenait pas qu'on avait cassé le testament de son père.
> [1er septembre 1715] D'ailleurs personne n'ignore avec quelle grandeur d'âme il vit approcher la mort, disant à madame de Maintenon : « J'avais cru qu'il était plus difficile de mourir ; » et à ses domestiques : « Pourquoi pleurez-vous ? m'avez-vous cru immortel ? » donnant tranquillement ses ordres sur beaucoup de choses, et même sur la pompe funèbre. Quiconque a beaucoup de témoins de sa mort, meurt toujours avec courage. Louis XIII, dans sa dernière maladie, avait mis en musique le *De profundis* qu'on devait chanter pour lui. Le courage d'esprit avec lequel Louis XIV vit sa fin, fut dépouillé de cette ostentation répandue sur toute sa vie. Ce courage alla jusqu'à avouer ses fautes. Son successeur a toujours conservé écrites au chevet de son lit les

> paroles remarquables que ce monarque lui dit en le tenant sur son lit entre ses bras ; ces paroles ne sont point telles qu'elles sont rapportées dans toutes les histoires. Les voici fidèlement copiées :
> « Vous allez être bientôt roi d'un grand royaume. Ce que je vous recommande plus fortement est de n'oublier jamais les obligations que vous avez à Dieu. Souvenez-vous que vous lui devez tout ce que vous êtes. Tâchez de conserver la paix avec vos voisins. J'ai trop aimé la guerre ; ne m'imitez pas en cela, [...]

Und Voltaire fährt fort in seinem Bericht:

> [...] Prenez conseil en toutes choses, et cherchez à connaître le meilleur pour le suivre toujours. Soulagez vos peuples le plus tôt que vous le pourrez, et faites ce que j'ai eu le malheur de ne pouvoir faire moi-même, etc.
> Ce discours est très-éloigné de la petitesse d'esprit qu'on lui impute dans quelques mémoires.
> On lui a reproché d'avoir porté sur lui des reliques, les dernières années de sa vie. Ses sentiments étaient grands, mais son confesseur, qui ne l'était pas, l'avait assujetti à ces pratiques peu convenables, et aujourd'hui désusitées, pour l'assujettir plus pleinement à ses insinuations. Et d'ailleurs ces reliques, qu'il avait la faiblesse de porter, lui avaient été données par madame de Maintenon.
> Quoique la vie et la mort de Louis XIV eussent été glorieuses, il ne fut pas aussi regretté qu'il le méritait. L'amour de la nouveauté, l'approche d'un temps de minorité, où chacun se figurait une fortune, la querelle de la *Constitution* qui aigrissait les esprits ; tout fit recevoir la nouvelle de sa mort avec un sentiment qui allait plus loin que l'indifférence. Nous avons vu ce même peuple, qui, en 1686, avait demandé au ciel avec larmes la guérison de son roi malade, suivre son convoi funèbre avec des démonstrations bien différentes.
> On prétend que la reine sa mère lui avait dit un jour dans sa grande jeunesse : « Mon fils, ressemblez à votre grand-père, et non pas à votre père. » Le roi en avait demandé la raison : « C'est, dit-elle, qu'à la mort de Henri IV, on pleurait, et qu'on a ri à celle de Louis XIII. »
> Quoiqu'on lui ait reproché des petitesses, des duretés dans son zèle contre le jansénisme, trop de hauteur avec les étrangers dans

> ses succès, de la faiblesse pour plusieurs femmes, de trop grandes sévérités dans des choses personnelles, des guerres légèrement entreprises, l'embrasement du Palatinat, les persécutions contre les réformés ; cependant ses grandes qualités et ses actions, mises enfin dans la balance, l'ont emporté sur ses fautes. Le temps, qui mûrit les opinions des hommes, a mis le sceau à sa réputation ; et, malgré tout ce qu'on a écrit contre lui, on ne prononcera point son nom sans respect, et sans concevoir à ce nom l'idée d'un siècle éternellement mémorable. Si l'on considère ce prince dans sa vie privée, on le voit à la vérité trop plein de sa grandeur, mais affable ; ne donnant point à sa mère de part au gouvernement, mais remplissant avec elle tous les devoirs d'un fils, et observant avec son épouse tous les dehors de la bienséance ; bon père, bon maître, toujours décent en public, laborieux dans le cabinet, exact dans les affaires, pensant juste, parlant bien, et aimable avec dignité.
>
> Louis XIV avait dans l'esprit plus de justesse et de dignité que de saillies ; et d'ailleurs on n'exige pas qu'un roi dise des choses mémorables, mais qu'il en fasse. Ce qui est nécessaire à tout homme en place, c'est de ne laisser sortir personne mécontent de sa présence, et de se rendre agréable à tous ceux qui l'approchent. On ne peut faire du bien à tout moment ; mais on peut toujours dire des choses qui plaisent. Il s'en était fait une heureuse habitude. C'était entre lui et sa cour un commerce continuel de tout ce que la majesté peut avoir de grâces, sans jamais se dégrader, et de tout ce que l'empressement de servir et de plaire peut avoir de finesse sans l'air de la bassesse. Il était, surtout avec les femmes, d'une attention et d'une politesse qui augmentaient encore celle de ses courtisans ; et il ne perdit jamais l'occasion de dire aux hommes de ces choses qui flattent l'amour-propre en excitant l'émulation, et qui laissent un long souvenir.

„De mortuis nil nisi bene“: das mag für diesen Nachruf gelten, den Voltaire ans Ende seines *Siècle de Louis XIV* gesetzt hat. Aber wenn daraus der Klassizist sprach, wo bleibt die Stimme des Aufklärers? Man muss eine Weile suchen, dann findet man sie in einem abgelegenen Text, dem „Discours de M. Belleguier“. Den späten, zu späten Wunsch: „Ach Ludwig, wärst Du Philosoph, wärst Du Aufklärer gewesen!“ muss man

Voltaire zugute schreiben: Wenn schon die Philosophen nicht Könige werden konnten (sagte Platon nicht so?), sollten wenigstens die Könige Philosophen sein.

Es folgt der einem gewissen M. Belleguier zugeschriebene Text Voltaires, in dem sich – endlich – der Aufklärer zu Wort meldet. Voltaire apostrophiert im Nachhinein den König:

> O toi, qui seras toujours compté parmi les rois les plus illustres ; toi qui vis naître le long siècle des héros et des beaux-arts, et qui les conduisis tous dans les divers sentiers de la gloire ; toi que la nature avait fait pour régner, Louis quatorze, petit-fils de Henri quatre, plût au ciel que ta belle âme eût été assez éclairée par la philosophie, pour ne point détruire l'ouvrage de ton grand-père ! tu n'aurais point vu la huitième partie de ton peuple abandonner ton royaume, porter chez tes ennemis les manufactures, les arts et l'industrie de la France : tu n'aurais point vu des Français combattre sous les étendards de Guillaume III contre des Français, et leur disputer long-temps la victoire : tu n'aurais point vu un prince catholique armer contre toi deux régimens de Français portestans : tu aurais sagement prévenu le fanatisme barbare des Cévennes, et le châtiment non moins barbare que le crime. Tu le pouvais ; tout t'était soumis ; les deux religions t'aimaient, te révéraient également : tu avais devant les yeux l'exemple de tant de nations ; chez qui les cultes différens n'altèrent point la paix qui doit régner parmi les hommes unis par la nature. Rien ne t'était plus aisé que de soutenir et de contenir tous tes sujets. Jaloux du nom de *Grand*, tu ne connus pas ta grandeur. Il eût mieux valu avoir six régimens de plus de Français protestans, que de ménager encore Odescalchi, Innocent XI, qui prit si hautement contre toi le parti du prince d'Orange, huguenot. Il eût mieux valu te priver des jésuites, qui ne travaillaient qu'à établir la grâce suffisante, le congruisme, et les lettres de cachet, que te priver de plus de quinze cent mille bras qui enrichissaient ton beau royaume, et qui combattaient pour sa défense.
>
> Ah ! Louis quatorze, Louis quatorze, que n'étais-tu philosophe ! Ton siècle a été grand ; mais tous les siècles te reprocheront tant de citoyens expatriés, et Arnauld sans sépulture.

5. SAINT-SIMON PORTRÄTIERT MADAME DE MAINTENON

Der Großvater, Théodore Agrippa d'Aubigné (1552-1630) war Frankreichs größter Barockdichter. Er war Kalvinist, hatte in Diensten von Henri Quatre gestanden, floh, um sich den Verfolgungen der Katholiken zu entziehen, nach Genf und hinterließ mit *Les Tragiques* ein „religiös-polit.-satir.Epos" (wie es im „Literatur-Brockhaus" heißt). Der Vater, Constant d'Aubigné, brachte in einem Anfall von Eifersucht seine Frau um, landete aller möglicher Delikte wegen in mehreren Gefängnissen und wanderte, als er wieder frei war, aus in die Antillen, seine Tochter Françoise in Frankreich und Armut zurücklassend. Eine Tante übergab sie den Ursulinerinnen, einem katholischen Orden, der sich der Erziehung von Mädchen annimmt und den es heute noch gibt. Da wurde Françoise getauft; sie wurde katholisch. Eines Tages stellte die Tante sie dem Dichter Scarron vor. Scarron oder das Kloster, das war die Alternative – und Françoise entschied sich für das erste. Mit 16 Jahren wurde sie die Gemahlin des armen, von einer schweren Arthrose zu einer z-förmigen Gestalt verkrümmten Verfassers der *Mazarinade*, den wir schon kennen. Er war 25 Jahre älter und in seinem Hause ging es turbulent zu. Freigeister, Künstler, Käuze aller Art verkehrten dort und machten der jungen Frau ich weiß nicht, soll ich sagen: „zu schaffen" oder „den Hof". 1660 starb Scarron. Madame Scarron verschaffte sich den Auftrag, sich um die verwahrlosten Kinder Ludwigs XIV. und seiner Mätresse Mme de Montespan zu kümmern. Der König, dem 1683 seine Frau weggestorben war (was ihn nicht weiter gekümmert haben soll) hatte im fortgeschrittenen Alter – er war 43 – die Gewohnheit angenommen, sich um seine zahlreiche illegitime Nachkommenschaft zu kümmern (die legitime machte ihm nur Sorgen). Da sah er Françoise und beobachtete, wie liebevoll und geschickt sie mit den

Kindern umging. Und er entdeckte, wie reizvoll es war, eine Frau um sich zu haben, mit der man sich gut, geistreich und voll menschlicher Wärme unterhalten konnte. Da Françoise zwei Jahre älter war als der König und er nun ja auch Witwer war (die Montespan wurde bei jedem Kind, das sie in die Welt setzte, korpulenter, außerdem hatte sie, was ganz ungehörig war, einen eifersüchtigen Ehemann), konnte er die Witwe Scarron heimlich heiraten, was er, man weiß nicht genau wann, auch tat. Nehmen wir an, es war 1683, so hat der vierzehnte Ludwig 32 Jahre mit seiner zweiten Ehefrau, von der keiner wusste, dass sie es war, gelebt. Wer da wen mehr beeinflusst hat, wie wollten wir das wissen? Der Verfasser des Artikels MAINTENON im *Dictionnaire des Lettres,* Claude Aragonnès, meint, der Einfluss der vom König zur Marquise de Maintenon ernannten Frau auf ihn und seine Politik sei geringer gewesen, als man früher annahm. Auch ich schrieb, unter dem Einfluss seiner Frau sei der alternde König frommer und weniger ausschweifend geworden. An beidem mag auch etwas sein, aber in seine Politik ließ sich Ludwig der Große so wenig hineinreden wie später Friedrich der Große. Oder wenn, dann waren es die vermaledeiten Beichtväter, Jesuiten natürlich, die dem König einredeten, er müsse zur Sühne seiner Sünden die Hugenotten des Landes verweisen. Voltaire stellt es (natürlich) so dar. Aragonnès schreibt: „Mme de Maintenon fut pour lui (le Roi) une véritable compagne, dévouée et de sage conseil, qu'il appelait: 'Votre Solidité'". Gut getroffen! Und weiter: „Louis XIV était très jaloux de son autorité, et elle n'intervenait que dans le détail des affaires; son crédit était pourtant très grand et sa faveur très recherchée. Il faut reconnaître que cette union assura la dignité de la vie du roi dans la dernière partie de son règne." Natürlich war Madame fromm, aber „elle inclina vers une religion plus éclairée et la pratique sincère de ses devoirs chrétiens." Die Frucht dieser Ehe waren – nein, nicht noch mehr Kinder, sondern die Gründung einer Erziehungsanstalt für junge Mädchen in Saint-Cyr (1686). Dort wurden bis zu 250 junge Damen von Stand untergebracht, und Françoise, die eine begnadete Erzieherin war – Saint-Simon wird das bestätigen – sorgte für eine Bildung, wie sie die Heranwachsenden in den Klöstern nicht bekamen. Bezeichnend dafür ist die Tatsache, dass Racine zwei Theaterstücke, *Esther* und *Athalie*, für Saint-Cyr schrieb, die dort auch aufgeführt wurden. (Voltaire hielt sie für Racines beste Tragödien, was für den heimlichen Liebhaber des Alten Testaments spricht, der Voltaire war.) Mme de Maintenon – nicht „Maintenant" – holte sich pädagogischen Rat bei Fénelon und verfasste eigenhändig einen „Traité de l'Education des Filles". Wir können sie getrost zu den Emanzipatorinnen ihres Geschlechts zählen.

Als der König 1715 starb, zog Madame sich nach Saint-Cyr zurück. Vom Hof hielt sie sich entschieden zurück, weil dort Madame, die Mutter des Regentin, anders gesagt Liselotte von der Pfalz, das Ruder führte und wo Saint-Simon, wie sagt der Verfasser unseres Artikels?, „entretenait une hostilité ouverte contre l'épouse du roi défunt..." Dass dem so war, ist jedem klar, der weiß, wie orthodox der Herzog dachte, was das ständische Denken angeht. Der König und eine Witwe des verrufenen Burleskdichters Scarron, das mochte ja noch angehen, aber diese Enkelin eines Hugenottendichters, die weder Gräfin noch Herzogin noch sonst was war, nur eine treusorgende, erzieherisch und feministisch engagierte Frau, das zählte nicht. Möchte man meinen. Aber wir werden ja sehen, wie das Konterfei aussieht, das gleich wiedergegeben werden soll. Aragonnès schreibt: „...inspirée par le bon sens, et l'esprit pratique (Mme de Maintenon) est une organisatrice et une femme d'action. Elle met de la piété au-dessus tout..." Sie starb 1719 und hinterließ eine große Zahl von hochinteressanten Briefen. Es folgt ihr Portrait:

C'était une femme de beaucoup d'esprit, que les meilleures compagnies, où elle avoit d'abord été soufferte et dont bientôt elle fit le plaisir, avoient fort polie et ornée de la science du monde, et que la galanterie avoit achevé de tourner au plus agréable. Ses divers états l'avoient rendue flatteuse, insinuante, complaisante, cherchant toujours à plaire. Le besoin de l'intrigue, toutes celles qu'elle avoit vues, en plus d'un genre, et de beaucoup desquelles elle avoit été, tant pour elle-même que pour en servir d'autres, l'y avoient formée, et lui en avoient donné le goût, l'habitude et toutes les adresse. Une grâce incomparable à tout, un air d'aisance, et toutefois de retenue et de respect, qui par sa longue bassesse lui étoit devenu naturel, aidoient merveilleusement ses talents, avec un langage doux, juste, en bons termes, et naturellement éloquent et court. Son beau temps, car elle avoit trois ou quatre ans de plus que le Roi, avoit été celui des belles conversations, de la belle galanterie, en un mot de ce qu'on appeloit les ruelles, [et] lui en avoit tellement donné l'esprit, qu'elle en retint toujours le goût et la plus forte teinture. Le précieux et le guindé ajouté à l'air de ce temps-là, qui en tenoit un peu, s'étoit augmenté par le vernis de l'importance, et s'accrut depuis par celui de la dévotion, qui devint le caractère principal, et qui fit semblant d'absorber tout le reste ; il lui étoit capital pour se maintenir où il l'avoit portée, et ne le fut pas moins pour gouverner. Ce dernier point étoit son être ; tout le reste y fut sacrifié sans réserve. La droiture et la franchise étoient trop difficiles à accorder avec une telle vue, et avec une telle fortune ensuite, pour imaginer qu'elle en retînt plus que la parure. Elle n'étoit pas aussi tellement fausse que ce fût son véritable goût ; mais la nécessité lui en avoit de longue main donné l'habitude, et sa légèreté naturelle le faisoit paroître au double de fausseté plus qu'elle n'en avoit. Elle n'avoit de suite en rien que par contrainte et par force. Son goût étoit de voltiger en connaissances et en amis comme en amusements, excepté quelques amis fidèles de l'ancien temps dont on a parlé, sur qui elle ne varia point, et quelques nouveaux des derniers temps, qui lui étoient devenus nécessaires. A l'égard des amusements, elle ne les put guères varier depuis qu'elle se vit reine. Son inégalité tomba en plein sur le solide, et fit par là de grands maux. Aisément engouée, elle l'étoit à l'excès ; aussi facilement déprise, elle se dégoûtoit de même, et l'un et l'autre très souvent

sans cause ni raison. L'abjection et la détresse où elle avoit si longtemps vécu lui avoit rétréci l'esprit, et avili le cœur et les sentiments. Elle pensoit et sentoit si fort en petit, en toutes choses, qu'elle étoit toujours en effet moins que Mme Scarron, et qu'en tout et partout elle se retrouvait telle. Rien n'étoit si rebutant que cette bassesse jointe à une situation si radieuse ; rien aussi n'étoit à tout bien empêchement si dirimant, comme rien de si dangereux que cette facilité à changer d'amitié et de confiance. Elle avait encore un autre appât trompeur. Pour peu qu'on pût être admis à son audience et qu'elle y trouvât quelque chose à son goût, elle se répandoit avec une ouverture qui surprenoit et qui ouvroit les plus grandes espérances ; dès la seconde, elle s'importunoit, et devenoit sèche et laconique. On se creusoit la tête pour démêler la grâce et la disgrâce, si subites toutes les deux ; on y perdoit son temps. La légèreté en étoit la seule cause, et cette légèreté étoit telle qu'on se la pouvoit imaginer. Ce n'est pas que quelques-uns n'aient échappé à cette vacillité si ordinaire ; mais ces personnes n'ont été que des exceptions, qui ont d'autant plus confirmé la règle qu'elles-mêmes ont éprouvé force nuages dans leur faveur, et que, quelle qu'elle ait été, c'est-à-dire depuis son dernier mariage, aucune ne l'a approchée qu'avec précaution et dans l'incertitude.
On peut juger des épines de sa cour, qui d'ailleurs étoit presque inaccessible et par sa volonté, et par le goût du Roi, et encore par la mécanique des temps et des heures, d'une cour qui toutefois opéroit une grande et intime partie de toutes choses, et qui presque toujours influoit sur tout le reste.
Elle eut la foiblesse d'être gouvernée par la confiance, plus encore par les espèces de confessions, et d'en être la dupe par la clôture où elle s'étoit enfermée. Elle eut aussi la maladie des directions, qui lui emporta le peu de liberté dont elle pouvoit jouir. Ce que Saint-Cyr lui fit perdre de temps en ce genre est incroyable ; ce que mille autres couvents lui en coûtèrent ne l'est pas moins. Elle se croyoit l'abbesse universelle, surtout pour le spirituel, et de là entreprit des détails de diocèses ; c'étoient là ses occupations favorites. Elle se figuroit être une Mère de l'Église ; elle en pesoit les pasteurs du premier ordre, les supérieurs de séminaires et de communautés, les monastères et les filles qui les conduisoient, ou qui y étoient les principales. De là une mer d'occupations frivoles, illusoires, pénibles, toujours trompeuses, des lettres et des réponses à l'infini, des directions d'âmes

> choisies, et toutes sortes de puérilités qui aboutissoient d'ordinaire à des riens, quelquefois aussi à des choses importantes, et à de déplorables méprises en décisions, en événements d'affaires, et en choix.
> La dévotion, qui l'avoit couronnée, et par laquelle elle sut se conserver, la jeta, par art et par goût de régenter, qui se joignit à celui de dominer, dans ces sortes d'occupations, et l'amour-propre, qui n'y rencontroit jamais que des adulateurs, s'en nourrissoit. Elle trouva le Roi qui se croyoît apôtre, pour avoir toute sa vie persécuté le jansénisme, ou ce qui lui étoit présenté comme tel. Ce champ parut propre à Mme de Maintenon à repaître ce prince de son zèle et à s'introduire dans tout. L'ignorance la plus grossière en tous genres dans laquelle on avoit eu grand soin d'élever le Roi, et par divers intérêts de l'entretenir ensuite, et de lui inculquer de bonne heure la défiance générale et l'exacte clôture dans lesquelles il s'est barricadé sous la clef de ses ministres et, à d'autres égards, sous celle des son confesseur et de deux qu'il a eu intérêt de lui produire, lui avoit fait prendre de bonne heure la pernicieuse habitude de prendre parti sur parole dans les questions de théologie, et entre les différentes écoles catholiques, jusqu'à en faire sa propre affaire à Rome.

Dieses Portrait hat etwas, was keines der zuvor zitierten hatte: Bewegung. Glichen die früheren Photographien, so glaubt man hier, einen Stummfilm zu sehen: „Pour peu qu'on pût être admis à son audience", heißt es ungefähr in der Mitte, „elle se répandait avec une ouverture..." Glaubt man da nicht, geradezu in die Arme genommen zu werden? Das Portrait wirkt nicht statisch, es wirkt dynamisch. Liegt es am Imperfekt, in dem es gehalten ist? Aber gehen wir erst mal zurück an den Anfang des Portraits! Gleich schon wird uns gesagt, was Madame de Maintenon einmal war und was sie jetzt ist. Wir werden über den Werdegang der Porträtierten informiert: die gute Gesellschaft, wo sie anfangs geduldet war, deren ganze Freude sie aber alsbald machen sollte, diese Gesellschaft hat Madame de Maintenon geglättet – es ist das „poli", das wir von Marivaux' „Arlequin poli par l'amour" kennen –, sie hat sie höflich und weltläufig gemacht: das, was sie früher nicht hatte, jetzt hat sie es: „la science du monde", das Wissen oder die Wissenschaft von den guten Manieren, die hat sie erworben und die Galanterie – ich denke, nicht ihre, sondern diejenige der anderen – hat sie vollends zu einer angenehmen Gesellschafterin gemacht. Das klingt nach den positiven Aussagen, von denen wir gewöhnt sind, dass sie gleich eingeschränkt werden, aber es ist die Frage, ob das hier der Fall ist. „Les divers états", also die Umstände, unter denen sie gelebt hat (wir kennen ihre Lebensgeschichte ja), haben sie gefällig, einschmeichelnd und, ja, *so* werden lassen, dass sei immer zu gefallen sucht. In der höfischen Gesellschaft, die Saint-Simon im Blick hat, kann das alles schwerlich anders denn als positiv zu verstehen sein. Madame ist kein grober, kein ungehobelter Klotz! Erst wenn es heißt, das Intrigenwesen, dem sie ausgesetzt war, hätte sie so gemacht, wie sie ist, kommt ein Anflug von Tadel ins Spiel, aber der gilt eigentlich nicht der Porträtierten, sondern der Gesellschaft, die sie geformt hat. Sie hat daran Geschmack gefunden, die „science du monde" ist ihr zur lieben Gewohnheit geworden, und diese wird nun zusätzlich differenziert: ihre Anmut, die Ungezwungenheit ihres Benehmens, das niemals aufdringlich wird, dazu ihre auch wieder einzeln aufgeführten sprachlichen Annehmlichkeiten, all das machen Madame zu einem Musterbild der Höfischkeit, wie sie einmal war. Und wenn als Krönung des Ganzen die Frömmigkeit hinzukommt, ihre Haupteigenschaft, so erklärt (und rechtfertigt) das die hohe Stellung, die sie nun einnimmt. Dass Madame drei oder vier Jahre älter ist als der König, tut dem keinen Abbruch; die Feststellung ist ein Zeichen von Sachlichkeit, ein Beweis dafür, dass alles andere, was Saint-Simon sagt, auch die reine Wahrheit ist – also ein Kompliment. Auch „le précieux" und „le guindé", auch die Gewohnheit der „ruelle", also die Galanterie von dazumal, wo die Damen im Bett empfingen und die Herren sich davor niederknieten, auch das steht der Porträtierten gut. Wo bleibt das Negative? Wo der Hass, von dem es heißt, Saint-Simon habe ihn der Emporgekommenen gegenüber empfunden? Ich spüre ihn nicht. Höchstens könnte man sagen, die vollendete Höflichkeit, mit der der Porträtist seine Worte setzt, vermittelt ein bisschen Überlegenheit: Saint-Simon weiß, wovon er spricht, denn er ist ja natürlich in der Welt zuhause, in die Madame de Maintenon erst aufsteigen musste – was ihr aber perfekt gelungen ist. Oder hören wir nicht fein genug hin? „Das Preziöse und Gestelzte, das zu dem Air der früheren Zeit hinzugekommen ist, das hat der Lack der gewichtigen Position, in der Madame sich jetzt befindet, noch vermehrt, und die Frömmigkeit sorgt dafür, dass es auch so bleibt!" Alles andere wurde ihr aufgeopfert. Sie bestimmt ihr Wesen. Und wenn Madame nicht die Aufrichtigkeit in Person ist, so liegt das eben hieran. „So falsch, dass das ihrem Geschmack entspräche", ist Madame jedoch nicht. Sondern eben nur so viel, wie man in der höfischen Gesellschaft nun mal sein muss. Nur an Beständigkeit fehlte es ir. Aber wiegt das schwer? Ja, offenbar! Denn nun häufen sich doch die Negativa: Madame ist flatterhaft, unstet, nur gezwungenermaßen bleibt sie sich gleich. Von Natur aus ist sie wetterwendisch, mal voller Schwärmerei, mal bedrückt und das ohne ersichtlichen Grund. Und die sozialen Niederungen, die sie durchlaufen hat, haben ihren Geist verengt, Herz und Gefühl erniedrigt („avili"). Da kommt Kleinlichkeit ins Spiel. Einer derart wechselhaften Person den Hof zu machen, ist „dornig". Und Saint-Cyr wird nicht etwa gepriesen, es wird nur gesagt, wie geschäftig Madame als Leiterin dieses Mädchenpensionats geworden ist. Wäre nicht die Frömmigkeit, die sie auch hier rettet, mündete das Portrait schließlich doch ins Negative. Doch der Lebensweg, den die Arme durchlaufen musste, entschuldigt alles.

Das gilt erst recht für das letzte Drittel dieses Textes, wo die Etikette aufs Korn genommen wird, in die Madame de Maintenon genauso eingespannt ist wie alle anderen Personen dieses Ameisenhaufens von Versailles, wo bis zu viertausend unnütze Kreaturen ihre Zeit totschlagen. Liest man bei Bernier nach, wie genau am Hofe des Sonnenkönigs die Tage eingeteilt waren, ist „la mécanique du temps et des heures“ kein zu kräftiger Ausdruck. Und Saint-Simon weiß auch, dass diese „Mechanik“ ihren Einfluss erstreckte bis ins Innerste. Er hat diesen Tageslauf auch beschrieben. Ich füge zur Veranschaulichung ein, was Bernier Seite 233 aus Saint-Simons Memoiren zitiert: das bezieht sich auf die späten Jahre, um 1690, wo Ludwig, auch wenn er krank war und schweren, schmerzhaften Operationen unterzogen wurde, eisern an seiner Etikette festhielt.

> Gewöhnlich stand er (der König) zwischen acht und neun Uhr auf; sobald er angekleidet war, zog er sich mit den Ministern zurück und arbeitete mit ihnen bis halb eins; dann trat er aus seinem Arbeitszimmer hervor, ließ Mme la Dauphine wissen, dass er zur Messe bereit sei, und die ganze königliche Familie ging zur Messe, wo es wunderbare Musik zu hören gab. Meist endete die Messe zwischen ein und zwei Uhr, und dann besuchte der König Mme de Montespan, bis sein Essen bereit war. Dann nahm Seine Majestät im Vorzimmer von Mme la Dauphine (dem *Salon de la Paix*) das Mittagessen ein (er hatte den Vorsitz an einer quadratischen Tafel). Die dazu ausersehenen Adligen bedienten ihn. Mit dem König speisten Monseigneur, Mme la Dauphine, Monsieur und Madame, Mlle und Mme de Guise und gelegentlich Prinzen von königlichem Geblüt.
> Nach dem Essen leistete der König Mme la Dauphine noch einen Augenblick Gesellschaft, dann schloss er sich wieder ein, um zu arbeiten, oder er ging aus. Gegen sieben oder acht ging er zu Mme de Maintenon und blieb dort bis um zehn; dann nahm er bei Mme la Dauphine das Abendessen ein, blieb dann noch eine Weile bei ihr, wünschte ihr eine gute Nacht und ging dann zu Mme de Montespan, wo er meist bis Mitternacht blieb; das *petit*

coucher war in der Regel bis halb eins oder spätestens eins abgeschlossen.

Und so Tag für Tag. Die Funktionen der bedienenden Adligen beschreibt bis ins Einzelne Norbert Elias in der *Höfischen Gesellschaft,* 1969.
Aber es gab Unterschiede zwischen den gewöhnlichen Tagen, die so verliefen, wie Saint-Simon es beschreibt, und den Tagen des „*appartement*", wo die Öffentlichkeit zugelassen wurde und zwischendurch auch Spiele gespielt wurden (Billard oder Karten). Am Sonntag fand merkwürdigerweise das Treffen des Staatsrates statt, wo der Kanzler (seit 1684 Le Tellier), Louvois, der Kriegsminister, der Außen- und der Finanzminister erscheinen und manchmal am Montag und Dienstag weiter tagen mussten (S. 234). Als die Menschenmassen zu groß wurden, die in Versailles erschienen und die Statuen im Park zerstörten, wurden Einschränkungen nötig, „an den Abenden des *appartements*", heißt es Seite 235, „dürfte die Zahl der Besucher im Allgemeinen nicht über dreihundert gelegen haben". Beim „großen Souper" speiste man an zwei Tischen „für vierzig Damen" (ib.). Weitere Personen mussten sich mit Stehplätzen begnügen. Da wurden dann zum Beispiel Theaterstücke oder Opern aufgeführt oder der König organisierte eine Lotterie, „bei der jedes Los gewann". Dem König gefiel das Protokoll, aber die Höflinge langweilten sich zu Tode – was vor dem König sorgfältig verborgen werden musste. Zurück zu Saint-Simons Portrait!
Dieses handelt schließlich nur noch von Saint-Cyr, für das der Memorialist überhaupt kein Verständnis hat. Da wird er zynisch. Die Maintenon hielt sich mit ihrer Frömmigkeit und ihren Pflichten als Direktorin der Anstalt (sagt er) für „l'abbesse universelle", eine Äbtissin, die für das Seelenheil ihrer Schützlinge ebenso verantwortlich war wie für die Organisation. „Une Mère de l'Église", sagt Saint-Simon auch und nennt ihre Beschäftigungen

„frivoles“. So ließ die Religion die Frau des Königs sich schließlich in Lappalien verzetteln, und der König pflichtete ihr bei der Konvertierung von Jansenisten oder Hugenotten umso mehr bei und handelte umso unbedachter, je weniger er von der Sache verstand, dieser König, „der sich für einen Apostel“ hielt. Abgeschlossen von der Welt, beschirmt von seinen Ministern, nahm er die schädliche Gewohnheit an, sogar zu Fragen der Theologie Stellung zu nehmen…

Das war die KEHRSEITE DER MEDAILLE des Hofes zu Versailles.

ANHANG

Madame de Staël über Napoleon

Nicht weit von Konstanz, auf einem Steilhang über dem Bodensee, liegt das Schlösschen Arenenberg. Dort wurde vor ein paar Jahren eine Ausstellung veranstaltet, deren Hauptattraktion ein paar Briefe von Napoleon an Josephine Beauharnais waren. Die Regionalpresse warb für den Besuch des Schlösschens mit dem Slogan „Napoleons Liebesbriefe". Ich war wütend und schrieb an die Zeitung einen Brief des Inhalts, dass man an einen Despoten und Massenmörder wie Napoleon nicht so erinnern sollte wie an Goethes Werther. Schließlich war es noch nicht lange her, dass wir in Gestalt von Hitlers Russlandfeldzug einen vergleichsweise ähnlichen Irrsinn erlebt hätten wie den napoleonischen. Daran wäre zu erinnern und nicht an die „Liebesbriefe" des französischen Hitler von anno dazumal. Ich weiß nicht, ob die Zeitungsredaktion auf meinen Protest reagiert hat. Mich aber ließ die Frage nicht los, ob es berechtigt sei, Napoleon und Hitler miteinander zu vergleichen und schrieb meine Gedanken darüber in einem Beitrag nieder, der in dem Sammelband *Humanismus und Aufklärung* 1996 erschienen ist. Er trug den Titel „Erfahrungen im Umgang mit einem Diktator. Notizen aus Anlaß der Wiederlektüre von Mme de Staëls „Dix années d'exil". Natürlich sind Vergleiche dieser Art etwas Heikles. Alles hängt davon ab, ob man das Grundsätzliche, das sich sehr wohl wiederholen kann, für wichtiger ansieht als die Einzelheiten des Geschehens, die sich nie in gleicher Weise wiederholen. Ein Hauptpunkt, der für die ansonsten überkühne These spricht, war, dass der eine wie der andere, Napoleon wie Hitler, von der Gunst der Umstände getragen hochkamen und dass sie diese besonders geschickt zu nutzen verstanden. Hier die Unzufriedenheit über Versailles, die Massenarbeitslosigkeit und die Inflation, dort der Überdruss der Franzosen am Blutvergießen der Revolution, von daher hier wie dort der Ruf nach dem starken Mann, der für „Law and Order“ sorgen sollte. Dann die Chuzpe beider Despoten, sich für Friedensbringer auszugeben, während sie insgeheim den Krieg planten. Schließlich die Zensur, die Verherrlichung des Kaisers dort, des Führers hier, ostentative Strafaktionen wie die Erschießung des Duc d'Enghien dort, den Röhmputsch hier, usw.

Mein Beitrag war essayistisch gefasst, wissenschaftlich riskant, aber von dem für meine Generation typischen Anliegen legitimiert, es möge nie wieder der Ruf nach einem „starken Mann“ ertönen. Wie der Untertitel besagte, fußten meine Überlegungen auf einer Wiederlektüre von Mme de Staëls „Dix années d'exil“, einer Schrift, die von der Auseinandersetzung mit Napoleon lebt, der Mme de Staël als eine einflussreiche Schriftstellerin erkannt hatte und sie aus verschiedenen Gründen hasste. Ihr Buch *De l'Allemagne* nannte er ein „unfranzösisches Buch“, er verbannte die Autorin zunächst aus Paris und ließ sie dann im schweizerischen Coppet heimlich überwachen, so dass sie über Österreich, Russland, Skandinavien nach England fliehen musste, um dort ihr Buch zu veröffentlichen, dessen Originalmanuskript sie bei sich hatte.

Nun griff ich wieder einmal nach den „Dix années d'exil“, um nachzusehen, ob das, was Mme de Staël darin über Napoleon schreibt, in meine Sammlung von „politischen Portraits“ passte. Es passte zwar nicht in den historischen Zusammenhang, in den ich diese Studien gestellt habe, aber als ANHANG, dachte ich, gehörte eine Betrachtung dieser Schrift durchaus hierhin. Ich zitiere sie nach der Ausgabe, die Simone Balayé 1966 in der „Collection 10/18“ veranstaltet hat, und referiere die einschlägigen Äußerungen der Autorin über Napoleon, ohne weiter an meine allzu kühne historische Parallele zu denken. Insofern kann ich sagen: ich wiederhole mich nicht. Wohl aber handelt es sich um ein Portrait, das so aussieht, als erblickten wir hier die Kehrseite der Medaille, deren Vorderseite Bücher wie das vor ein paar Jahren in Frankreich erschienene von Max Gallo wäre, das eine unerträgliche Lobhudelei darstellt. Dem großen Napoleon wird darin nur ein einziger Fehler zugestanden: er habe nicht gewusst, wie kalt es im Winter in Russland sei und daher den Marsch der Grande Armée angeordnet, sonst habe er alles gut und richtig gemacht…

Anne Louise Germaine Necker wurde 1766 als Tochter des Genfer Bankiers Necker in Paris geboren und wuchs sozusagen im Salon ihrer Mutter, wo Gelehrte, Künstler und Diplomaten verkehrten, heran. 1789 wurde sie an den schwedischen Gesandten Baron Staël-Holstein verheiratet. 1792 floh sie mit ihrer Familie an den Genfer See, wo sie ein Schlösschen besaß. Ab 1795 ist sie wieder in Paris, befreundet mit dem Welschschweizer Benjamin Constant und nun Mittelpunkt des erneut florierenden Salons der Mutter. 1803 zwang Napoleon sie, Paris zu verlassen, zuerst nur außerhalb der Bannmeile der Stadt, kehrte sie anschließend wieder nach Coppet zurück. Seit 1800 trat Napoleons Pressezensur in Kraft. In dieses Jahr fällt aber auch die Schlacht von Marengo, mit der Napoleons Feldherrenruhm begann. Die Dreiunddreißigjährige war begeistert. In dem Teil der „Dix années d'exil", den Mme de Staëls Sohn, besorgt um den Ruf seiner Mutter als Napoleongegnerin, nicht in seine Wiedergabe der Schrift aufgenommen hat, schrieb Mme de Staël:

> Lorsque le général se fit connaître pour la première fois par les campagnes d'Italie, j'éprouvai pour lui l'enthousiasme le plus vif… La gloire militaire inspire bien aisément l'enthousiasme; les proclamations en Italie étaient faites pour inspirer la

> confiance en lui (sic). Il y régnait un ton de noblesse et de dignité, qui faisait contraste avec l'âpreté révolutionnaire des chefs civils de France… Bonaparte n'avait point mis à exécution les lois barbares contre les émigrés. On disait qu'il aimait sa femme, dont le caractère était plein de douceur et de bonté. On assurait qu'il lisait de préférence l'Ossian, ce poème où l'amour de la guerre est mêlé à un sentiment de mélancolie, qui soumet le vainqueur comme le vaincu à la tristesse du cœur… (wiedergegeben im Anhang, S. 249/50)

Das ist der Anfang. Er beschreibt die Voraussetzung für ein erstes Treffen zwischen Mme de Staël und Napoleon. Dass dieser einen Sympathievorschuss hatte, der nicht größer zu denken ist, ist dem Zitierten zu entnehmen: ein jugendlicher Held (Napoleon war 27, als er in Marengo siegte), ein martialischer Stil nach Römerart, Toleranz den emigrierten Adligen gegenüber, die nun wieder nach Frankreich zurückkehrten, dazu eine Ehefrau voll Menschengüte und eine Vorliebe für den schottischen Barden Ossian – das war schon fast des Guten zu viel! Madame de Staël war humanistisch gebildet, klassizistisch eingestellt und romantisch in der Seele: besser konnten die Chancen für eine „Napoleonidin" nicht stehen.

Doch dann kam es zu einem ersten Rendezvous, dessen Beschreibung wir ebenfalls nach dem aus den „Dix années d'exil" eliminierten Text zitieren müssen:

> Toutes ces circonstances m'inspiraient pour Bonaparte, avant de le connaître, une telle admiration que, la première fois que je le vis à son retour d'Italie, une emotion invincible m'empêcha presque de lui parler et de lui répondre. Il était alors sans puissance, la persecution meme le menaçait…

Tatsächlich stand ja der 18 Brumaire noch bevor, und es war nicht sicher, wer sich durchsetzen würde, die „Jakobiner" oder der Sieger von Marengo. Mme de Staël hoffte inbrünstig, dass *er* es sein würde. Aber für den Notfall hatte sie bereits ihr ganzes Geld abgehoben und ein paar Freunde dazu angestiftet, wenn nötig, Bonaparte außer Landes zu geleiten. Das erwies sich als unnötig. Und es sollte sich zeigen, dass ein Gefühl von Angst die Begeisterung ablöste. Mme de Staël schreibt in der Fortsetzung des oben Zitierten:

> … Dès le premier moment il m'inspira le sentiment de la crainte le plus prononcé que jamais une creature humaine m'ait fait éprouver. J'avais vu des hommes féroces et des hommes respectables; il n'y avait rien dans l'effet qu'il produisit sur moi qui pût ressembler ni aux uns, ni aux autres. Je sentais qu'il n'était ni méchant, ni bon, ni violent, ni doux, mais que c'était un être qui n'avait point de semblable, qui valait plus et moins qu'un homme en ce qu'il n'était ému par rien, quoique se prenant lui-même pour but de toutes les actions, les autres n'agissant jamais sur son existence que comme des faits ou des idées, mais jamais des individus… (250)

Dieses vage Vorgefühl kommenden Unheils muss zu der Begeisterung für den künftigen Kaiser hinzugenommen werden, mag es auch rückblickend dahinein interpretiert worden sein (was ich eigentlich nicht glaube).

Verbannt wurde Mme de Staël, weil in ihrem Salon Leute verkehrten, die dem Premier Consul nicht willkommen waren. Man muss sich klarmachen, was diese Verbannung für eine eingefleischte Pariserin bedeutete, deren Lebenselixir die Geselligkeit war. (Mme de Staël redete gern, viel und schnell…) Der Haupt-Stein des Anstoßes war Benjamin Constant, Napoleons Feind und der Lebensbegleiter der Germaine. Aber auch Brüder Napoleons verkehrten in dem Salon der Welschschweizerin. Das war zu viel. So musste denn Mme de Staël sich auf ihr Besitztum am Genfer See zurückziehen, konnte aber 1806 nach Italien reisen und einen Roman (*Corinne*) schreiben, der in Italien spielte – und fuhr 1807 nach Deutschland, interviewte, wen immer sie dort erwischen konnte, Goethe ebenso wie Schiller, Wieland, Fichte und andere. Das Resultat waren die zwei Bände *De l'Allemagne*, die gedruckt werden durften, aber in den „Fahnen" auf Befehl Napoleons wieder eingestampft wurden. Gottseidank hatte die Verfasserin das Autograph bei sich behalten, das sie mit nach Russland begleiten sollte, wohin sie heimlich am 23. Mai 1812 aufbrach, um über Wien nach Petersburg zu gelangen, dann nach Schweden weiterzufahren, um endlich in England *De l'Allemagne* drucken zu lassen. 1817 starb Mme de Staël in Paris.

Ihr Napoleonportrait beginnt mit einer Beschreibung des Korsen als jämmerliche Gestalt:

> Il avait des habits d'or et des cheveux plats, de petites jambes et une grosse tête, je ne sais quoi de gauche et d'arrogant, de dédaigneux et d'embarrassé, qui semblait réunir toute la mauvaise grâce d'un parvenu à toute l'audace d'un tyran. (38)

So sah also der zuerst bewunderte, dann gefürchtete und nun verhasste Mann wirklich aus: ein linkischer Emporkömmling! Man braucht bloß an die idealisierten Portraits des kühnen, voranstürmenden Reiters oder des statuarischen Kaisers zu denken: hier haben wir die KEHRSEITE DER MEDAILLE.

Wenn der Kaiser einmal lächelte, beobachtet Mme de Staël, bewegten sich lediglich die Lippen, die Augen blickten unverändert starr in die Ferne. Und es war die Angst, die die Besucher es als eine Erleichterung empfinden ließ, wenn Napoleon einmal lächelte: „comme, en souriant, il rassurait ceux qui l'entouraient, on a pris pour du charme le soulagement qu'il faisait éprouver ainsi" (38). In Wirklichkeit war alles Kalkül, auch die Wutausbrüche, die Napoleon sich zuweilen leistete und von denen der bekannteste der ist, der ihn Talleyrand als „des bas de soie plein de merde" bezeichnen ließ, wozu der Diplomat gemeint haben soll, wie schade, dass der große Mann eine so schlechte Kinderstube gehabt habe.

Die zahlreichen klugen Beobachtungen über Napoleons Politik, die sich in den *Dix années d'exil* finden, sind hier nicht unsere Sache, außerdem wissen wir ja, wie er zum Beispiel regelmäßig einen Altrevolutionär begünstigte, wenn er einem der zurückgekehrten Emigranten einen Posten gegeben hatte. Moral sei ein Begriff gewesen, mit dem Napoleon nichts anfangen konnte. Was zählte für ihn, war nicht gut oder schlecht, sondern der Zweck, der erreicht oder nicht erreicht wurde. Typisch hierfür ist die Frage, die Napoleon einmal an Mme de Staël gerichtet haben soll: „Mais enfin qu'est-ce qu'elle veut, cette Dame?“ Mme de Staël soll geantwortet haben, es komme dem Korsen ja nicht darauf an, was sie wolle, sondern was sie denke, und das sei ihm suspekt. Sie glaubte nicht zu Unrecht, die Freiheit zu verkörpern, die Napoleon unterdrückte. Und mit Schrecken beobachtet die Schweizerin, die Mme de Staël ja abstammungsmäßig war, wie sich der Kadavergehorsam im Militär verbreitete, das Napoleon diente, so dass er nur den Befehl zu geben brauchte, einer solle ins Wasser springen – und er sprang. Schließlich wären auch die Anmerkungen zur Propaganda und zur Zensur zu erwähnen, die sich vollkommen decken mit dem, was Johannes Willms in seiner großartigen Napoleonbiographie schreibt.